2時間でいまがわかる!

告発
ニッポンの大問題30!

これが非常時日本の突破口だ!

竹中平蔵
中田 宏

まえがき

政権交代で民主党の内閣が誕生してからはや2年。鳩山、菅、野田と3つの政権ができました。その間、日本は過去20年で「もっとも失われた2年」になったことは間違いありません。

2008年のリーマン・ショック以降の世界的な経済不振、近年の欧州のソブリン危機、そして11年の東日本大震災……。さまざまなことが起こりましたが、それに対して日本の政府は、ことごとく適切な対応ができませんでした。政府のみならず、日本の社会そのものが委縮して適応力をなくしてしまったように見えます。

日本経済がこのように精彩を欠くようになった背景は、確かにこうした政治の貧困の問題があります。しかし、むしろそれ以上に、**経済社会の根本的な問題点を、社会全体が、さらに言えば国民一人ひとりが十分に認識し対応できなかったことに問題があるでしょう。**いわば日本の根本問題を無視して、そこそこ豊かで穏やかな生活に国民が安住してきたのです。しかしその間、世界は大きく変化し、日本の穏やかな生活を脅かすようになっています。

この本を中田宏さんと一緒に出版したいと考えるようになったのは、国と地方の政策責任者を経験した二人の経験を踏まえて、日本の根本問題を正面から伝えたいと考えたからです。これらの根本問題は、決して理解が難しいものではありません。しかし、そのひとつでも解決しようとすると、必ずといっていいほど批判され、足を引っ張られます。

私も中田さんも、政策を通して世の中をよくしようと当たり前のことをする度に、多くの困難を経験してきました。だからこそ、**みなさん一人ひとりに、あらためて問題の本質と向き合ってほしいと考えたのです。**

忘れられない体験があります。私が総務大臣に就任（05年10月）して間もなく、地方債（県や市が発行する債券）の改革を行おうとしたことがありました。

改革と言っても決して特別なことではなく、当たり前のことをしようとしただけです。当然社会社が社債を出して資金を調達するとき、業績のいいA社と業績の悪いB社では、当然社債発行のレートが違います。A社はリスクが低いのですから金利が低く、逆にB社の金利は高くなって当然です。しかし県や市が地方債を出す場合、国の決めた機関が一括して募集し、結果的にどの県・市も同じ金利で調達する仕組みになっていたのです。初めて聞いた方はビックリするのではないでしょうか。これは、談合そのものです。公正取引委員会が禁止命令を出してもいいような、ひどい話です。

地方財政の担当大臣になった私は、これを直ちに止めさせようとしました。しかし官僚が反対し、そして多くの知事や市長たちも反対しました。談合が崩れたら、内容の悪いところは困ったことになるからです。このとき、**周りを抑えて断固私を支持してくれたのが、当時横浜市長だった中田宏さんでした。**

日本は、優れた技術、豊富な資本、そして優秀な人材を持った国です。もっと豊かに経済発展し、そのなかで一人ひとりが豊かな人生を送っていけるはずです。

しかし日本には、依然いくつかの重要な根本的問題があり、その解決を自らが拒んでいるように思えてなりません。**自らの可能性を閉ざすことなく、これらの基本問題を挑戦心を持って解決すれば、日本の未来は十分に明るいと確信しています。**

本書の企画から出版まで、アスコムの高橋克佳さん小林英史さんに大変お世話になりました。またジャーナリストの坂本衛さんにも多大なご協力をいただきました。心から感謝申しあげる次第です。

この本が、日本の経済社会に対する建設的な批判を高め、より明るい未来を作るためのささやかな一歩になることを期待しています。

竹中 平蔵

Part1 非常時の国のリーダーの仕事

Part2 非常時の地方のリーダーの仕事

Part3 非常時の国民の仕事

Part 1

非常時の国のリーダーの仕事

告発!大問題1

リーダーに「複合連鎖危機」の中にある、という危機感がない!

竹中　2011年4月に出した『日本経済こうすれば復興する!』（アスコム）で、私は**「東日本大震災は〝複合連鎖危機〟だ」**と強調しました。3月11日の大災害は、いうまでもなく巨大地震と大津波によって引き起こされました。その結果、福島第一原発の1〜3号機が全電源を喪失。炉心溶融（メルトダウン）や水素爆発に至って放射能が漏れ出し、旧ソ連チェルノブイリ原発以来の大事故になった。放射性物質は野菜や茶など農作物、牛乳や牛肉など畜産物、海産物、さらに飲料水からも検出されました。電力不足で「計画停電」も実施され、首都圏は大混乱してしまいました。

中田　テレビが夜のニュースで翌日の計画停電地域を伝えたけど、「詳しくは東京電力のホームページで」って、パソコンを使えないお年寄りを切り捨てる結果になっていた。しかも予定表の出来が悪く、自分が住む地域がどうなるかよくわからなかった。

竹中　計画停電とは呼べない「無計画停電」です。本当の計画停電は、この地域では病院や駅に電気を送るが一般家庭は我慢してほしい、とやるものでしょう。それを味噌もくそも一緒に、この地域は一律停電というやり方をしたのだから、無計画停電もいいところ。しかも、発表されたのは実施の直前でした。ただ、懸念された夏の電力不足は、国民と企業の節電努力でどうにか乗り切れましたが。

地震・津波の被災地では道路、鉄道、港、空港が破壊され、交通も各地で途絶しました。東北の生産拠点が被災してサプライチェーンが崩壊し、メーカーが部品不足に陥った。まさに**複合連鎖危機**です。

中田　地震と津波は、2万人近くの死者・行方不明者を出した巨大災害だった。でも、ある意味ではきっかけにすぎず、次々と負の連鎖が起きて、複合連鎖危機を招いた。これは東日本大震災が過去の大災害——たとえば関東大震災、伊勢湾台風、阪神・淡路大震災などと、決定的に異なる点でしょう。

竹中　巨大な複合連鎖危機から脱するために財政出動が必要ですが、慎重に効率的にやらないと、財政危機すら招きかねない。**「リスク」**という言葉が今後の世界を語るうえで重要なキーワードになる、と私は思います。２０１０年にワールド・エコノミック・フォーラム（ダボス会議）が「リスク・レスポンス・ネットワーク」を立ち上げた。**世界中の**

さまざまなリスクに対してベストプラクティス（もっとも効率的・効果的な手法や行動）を追求する危機対応ネットワークを作ろうとしたわけです。

その矢先に東日本大震災が起こり、皮肉なことに日本は全世界から非常に注目された。日本人は今回の事例から何を学ぶべきか、何を反省すべきかを整理し、世界に発信していかなければならない。大震災からわずか1週間で、116の国・地域と28の国際機関が日本に対する援助を申し出た。気がつけば2011年の世界最大の援助受け入れ国は、スーダンを抜いた日本ですね。「絆《きずな》」という言葉が国内で盛んに使われますが、**私たちは世界との絆という問題をちゃんと考え、責任を果たす必要がある。**

中田　でも情報発信は、日本がもっとも不得手とするところ。英語が不得手という問題もあって、日本は伝統的に対外コミュニケーションが下手クソです。尖閣諸島の中国漁船衝突事件でも、国際的には中国の言い分のほうが流通していたくらい。

竹中　ただし、**日本が培《つちか》ってきた防災対策は、やはり世界に誇ることができる水準**です。東京は震度5でも、九段会館の天井を除きビクともしなかった。仙台は震度6でも崩れなかった。11年2月のニュージーランド地震のようなビル崩壊は見られない。だから日本の耐震構造は大きな効果があった。世界に通用する大変重要なメッセージです。しかも、地震からわずか3分後に、被災したすべての市町村に津波警報が出ている。死者・行方不明が2万人を超えたのは痛恨の極みで、警報を軽視したり油断してしまったケースもあったと思いますが、警報システムが機能したからこそ多くの人びとが助かった。

中田　新幹線もちゃんと停止して、脱線事故は起こっていません。

竹中　時速200キロで走行中の東北新幹線がすべて止まった。ガスのマイコンメーターもちゃんと作動して出火を抑えた。このような事例は少なからずあるから、一段落したら、日本のこんな例を役立ててほしいと、世界に対して発信しなければ。

中田　新幹線の安全性を評価する国もあるし、今後の新幹線の売り込みにも大いに役立つわけですからね。国民の冷静な対応も各国から高く評価された。略奪も暴動もなく、みんなきちんと整列して被災地では食料をもらい、都会では電車やタクシーを待っていたと。

しかし、原発事故から1カ月後に事故評価をレベル5からレベル7に上げた。2カ月後には「メルトダウンしていた」と認めた。これが決定的で、日本政府は事実と異なる情報を出していたじゃないかと、アメリカをはじめ諸外国から不信感を抱かれてしまった。

竹中　ボストンコンサルティングが、海外における日本の報道を集計・調査したら、二つの特徴があった。一つは、大震災直後はポジティブ報道が多かったのに、次第にネガティブ報道が増えていった。もう一つは、最初の1～2週間は日本報道が急増したのに、その後、一気にしぼんでしまった。これは**日本がうまく情報を発信できなかった**からで、この二つは、**日本のグローバル・コミュニケーションの問題点**を如実に示しています。

リスクをコントロールするのが政治の役割である

竹中 そこで大震災がもたらした被害を改めて振り返ると、**さまざまなリスクがお互いに関連しあって、ジレンマを起こしてしまった。**私は、これが東日本大震災が日本に突きつけた大問題だと思います。

中田 「リスクのジレンマ」というのは、具体的には?

竹中 簡単な例を挙げると、福島第一原発で核反応の進行というリスクを回避するため、核燃料に水をかけて冷やす。すると、冷却水が放射能に汚染されて外に漏れ出すという新たなリスクが生じる。**玉突き現象のようにリスクがリスクを呼んで、どちらのリスク低減を優先すべきかというジレンマが、至るところで生じてしまう。**

中田 財政出動もそうですね。必要なんだけど、ヘタにやると財政危機を招くかもしれないジレンマ。電力不足もそうで、単に原発を停止すれば経済停滞を招き、火力に切り替えればエネルギーコストがかさみ、CO_2も増えるジレンマ。あるいは、津波リスクを避けて高台に住むことにすれば、地域コミュニティを壊してしまい職住近接も諦めざるをえないジレンマ。

竹中　それをコントロールするのが、まさに政治の役割であり、司令塔の役割です。しかし、前の菅直人政権は誰がどう見ても明らかに**司令塔不在で、政治が機能していなかった。**私たちは、危機の本質は「複合連鎖危機」「リスクのジレンマ」だという認識をまず共有し、そのうえで**強いリーダーシップと現場の的確な対応のベストミックスを考えなければならない。**私たちが直面しているのは、そんな大問題なんです。

中田　いまは経済・社会活動が高度化している。サプライチェーンがいい例ですが、規模も地域も異なる多くの企業が細分化された形で部品製造を請け負い、それらを集めて製品が生産される。かつて部品工場は大きな組み立て工場に近い場所にあったのに、現在では東北に部品工場があって西日本に組み立て工場がある。すると大震災で西日本の工場が止まってしまう。複合連鎖危機の背景には、そんな経済の高度化があるでしょう。関東地方では一時パック入り納豆が出回らなくなったけど、納豆そのものは実は水戸あたりにたくさんあった。ところが包装容器にかけるフィルムの工場が被災して、出荷が止まったという。昔では考えられない問題が起こっている。

竹中　**「経済のインテグレーション」という言葉があります。システムが統合され高度化されて、非常に精緻《せいち》に絡《から》み合っている状態のことで、大きな効率を得ることができる。**その結果、私たちの社会は間違いなく豊かになった。ところが今回、それには**脆《もろ》さがあるんだ**という問題提起がなされたわけです。

中田　といってインテグレーションを一概に否定できないのが、難しいところですね。

告発！大問題❷ 危機をチャンスに変える発想がない！

竹中　世の中の議論は、単純に白黒を決めるオール・オア・ナッシングの議論に陥りがちです。東京がダメならすべて大阪に移せという話に、すぐなってしまう。でも、それでは解決にならない。**東京の集積も地方の分業も大事だし、全国的なサプライチェーンは今後も必要**です。経済成長と公害の話も、ともすれば成長と環境のどちらを取るかというオール・オア・ナッシングの考え方になってしまう。でも考えてみれば、**環境が豊かな国は、すべて経済的に豊かな国**ですよ。

中田　ヨーロッパを見れば明らかにそうですね。所得の高い国ほど環境がよく、所得の低い国ほど環境が悪い。東ドイツやチェコなど旧東側諸国の公害は最悪だったし、改善は進んでいるようだけど中国もひどい。

竹中　だから、**経済成長と環境問題は両立できる。**どこまで両立させ、捨てるところは捨て、直すべきところを直すかという判断が求められている。いまのように無定見なその場しのぎの考え方では、必ずオール・オア・ナッシングの非生産的な話に陥ってしまう。

たとえば「スーパー堤防は役に立たない」という。大津波は10メートルの堤防を乗り越えたから、従来のものが不十分だったことは確かです。でも、**堤防のおかげで津波の到達を数分間、遅らせることができた**のも事実。だから、すべてナッシングではないんです。私はスーパー堤防を新たに作り直すことには賛成しませんが、何らかの防潮堤は必要でしょう。防潮堤ができるまで浜岡原発を止めろ、と首相が言い出したわけですから。

こうした問題を専門的に精査し正しく判断していく必要がある。

中田　3・11の巨大地震は1000年に一度のものだ、といわれていますね。確かにそうだろうと思います。そして、1000年に一度は完全に「想定外」であって、「想定外だからこそ大変だ。これは未曾有《みぞう》の国難なんだ」というのが、多くの人の考え方です。でも、視点を変えれば、これまでの延長線上だけで考えるから大変なんだと思う。

僕はまず東日本大震災で被災された方、亡くなった方、いまだに行方不明の方に心からの哀悼《あいとう》の意とお見舞いを捧げます。そのうえで、あえて指摘しなければならないと思うのは、街が根こそぎなくなってしまったのは本当に悲しい出来事だったけれども、**復興の観点からは、これは大きなチャンスととらえるべきだ**ということです。

竹中　まったくおっしゃるとおりです。「想定外」というのは、オール・オア・ナッシングの議論。想定以外はゼロで存在しないという考え方です。でも、物事はさまざまな確率で起こりうるから、現実の世界はオール・オア・ナッシングではない。確率が1に近いものから0に近いものまで、すべてありうるのが現実です。その**確率とコストを天秤《てんびん》にかけて最適解を探す**しか、対応する方法はありません。

「破壊」は創造的な再生に転換するチャンスである

中田　まちづくりで、既存の建物をどかせて道路一本引くのに、どれほど時間とコストがかかるか。都会でも田舎でも住民はみんな権利を主張します。しかし、今回は違います。大津波が街を根こそぎ破壊してしまったことは、いくら嘆いても、もう元に戻らない。だから**復興するには、後ろ向きの嘆きはやめて、街が全部なくなったのは大きなチャンスだと前向きに考えるしかない**。これがもっとも大事だと思います。ところが、みんな困難だ困難だと嘆くばかりなのが、僕は不思議で仕方がない。**「想定外」と嘆いているだけでは、思考停止と同じ**じゃないですか。

竹中　大賛成。いま、おっしゃったことを、私たちの対談の、つまりこの本のメイン・コンセプトにしたいと思いますね。

中田　**物が破壊されることは成長の大きなチャンス**というのは、当たり前の話です。戦争で物がなくなると大きな需要が生まれることは、歴史が示している。戦後のヨーロッパや日本の成長がそうだし、アメリカが1929年の世界大恐慌から本格的に復活したのも第二次大戦が始まってから。成長のために戦争を起こしてきたのが人類の歴史だ、という説もあながち嘘ではない。

だから、日本経済に対して非常に悲観的な見方をしていたのは、たぶん日本人だけでしょう。**僕は日本の経済は、今後すごく明るくできるし、明るくなるだろうと思っていた。**東日本大震災後の東京株式市場では、外国人は日本株をずっと買い越していた。5月第3週までずっと買い越しでした。これは、日本はチャンスを手に入れたと海外から見られていた証拠でしょう。東日本大震災以前は、08年9月のリーマン・ショック以降の日本市場の割安感がほかのマーケットよりも大きかったから投資していた。でも単なる割安感だけなら、大震災以降に売られていたはず。**その後も買い増しが続いていたのは、日本の復興需要が膨《ふく》らむと見ていた**わけです。

竹中　地震と津波でいろいろな物が破壊され、人びとの生活も破壊された。これは本当に悲劇だと思います。しかし、それを**単なる破壊に終わらせず、創造的な再生に転換するチャンスを、いま私たちは目の前にしている。**海外の投資家も、日本にはそのチャンスがあると見ている。

中田　しかも、いま世界中が資源高ですが、**円高の日本は資源を安く手に入れる大チャンス。**円安下で資源を大量に輸入して復興するとしたら、さぞ大変だろうと思うけど、円高を利用して復興するチャンスです。復興が進むうちに、2012年大統領選を控えたアメリカは景気浮揚、株高誘導の政策を打ってくるだろうから、だんだん円安に振れていくかもしれない。基本的にアメリカはドル安、資源高、インフレという連鎖は避けたい。まずは、**いまの円高メリットを活かして官民挙げての復旧事業をやってしまい、製造業のサプライチェーンが元に戻ってからの円安は輸出にプラス作用をもたらし、本格的な復興ステージに入れていく――こういう循環を想定して手を打っていけばいい、**と僕は思うんです。違いますか？

竹中　そのとおりですよ。でも、いまのように**政府中枢《ちゅうすう》の管理機能が働かず、場当たり的な政策ばかりだと、破滅的な破壊に終わってしまう危険もある。**未曾有の複合連鎖危機に直面する非常時だからこそ、**打ち出される政策は、私たちの社会はどうあるべきかという基本にのっとって考える**ことが肝心です。そのときもっとも重要なポイントが、中田さんのいう**「街が根こそぎなくなってしまった」こと。ここに着目して復興の構想を練ることが、まさに復興構想会議の役割**だと思います。政策というのは個別的で具体的なものですが、すべて基本となる「構想」が必要です。構想なしの政策なんて、ありえない。

中田　たとえば日本は、どの国とパートナーシップを組み、どの国を脅威と見なして対策を練るかという防衛構想があってはじめて、陸海空の自衛隊の人数や装備をどうするかという個別の政策を打ち出すことができる。日本をこんな福祉社会にするという構想があってはじめて、年金、医療、介護、健康保険などをどうするという政策を打ち出すことができる。当たり前の話です。

竹中 すべての政策がそうなんだから、復興政策の前に復興構想を立てるのは当たり前です。今回の大震災は1000年に一度の非常事態なんだから、一般的な政策にもまして、復興構想が重要になってきます。

告発！大問題3 「全部なくなったところ」から出発する構想がない！

竹中 いま、東北は**「サンク・コスト」がゼロ**という状態になりました。サンク・コスト（sunk cost）は日本語では「埋没費用」。事業への投下資金のうち、事業を撤退したり縮小したりしても回収できないコストのことです。まちづくりを真っ白いキャンバスに絵を描くように、何もないところから進めることは一つの理想です。しかし、すでにできあがった街があるから現実にはできない。存在しているものを全部どけなければならない。

そのための費用が、いわゆるサンク・コストです。
これは経済学の基本ですが、経理面で具体的にいえば、固定資産である不動産の残存コストが除却損《じょきゃくそん》となる。建っている建物を壊せば必ずコストになります。当然そのほかに解体コストや廃棄物処理コストもかかる。ところが、今回は東北沿岸の一部で、瓦礫《がれき》の撤去という問題はありますが、街がすっかりなくなったと言っていい。つまり**「サンク・コスト＝ゼロ」の状況で、どんな政策を打ち出していくかという大問題に、私たちは直面している。**だからこそ**構想が必要**なんです。

中田　油絵でいえば、古い絵の修復は、洗浄する、亀裂を埋める、褪《あ》せてしまった色を復元するなどします。これは、いまある絵をなぞるというか、できる限り原画に忠実に作業するわけで、新しく絵を描く必要はないですね。だから構想は不要で、修復のテクニックさえあればいい。でも、今回は描いてあった古い絵が根こそぎ失われ、白いキャンバスになってしまった。だから修復では済まず、**新しい絵を描かなければならない。**これが復興構想でしょう。元通りのまちづくりをするのでは意味がない。

竹中　日本の歴史をふり返ると、東京は結構しばしば更地《さらち》になっています。関東大震災や戦災の焼け野原がそうだし、江戸の大火だって何度もあった。ある災害専門家の指摘ですが、たとえば2004年のスマトラ島沖地震で、インドネシアのアチェは壊滅的な打撃を受けた。あのような大規模災害に見舞われると、多くの場合は廃墟になってしまうという。しかし、日本はことごとく再建してきた。土地が狭いという理由もあるけど、これはやっぱり、私たちが持つある種の強さによるのではないか。

中田　アチェは今、廃墟ですか？

竹中　廃墟ではないと思いますよ。ただ復興の速度は遅いでしょう。

中田　アチェ州の州都バンダ・アチェ市が全部なくなっちゃったとき、僕はシティネットというアジア太平洋都市間協力ネットワークの会長を務めていました。それでバンダ・アチェにすぐさま送り込んだのは水道です。横浜市水道局の職員を送って、水の確保と給水車での救援活動が一番先。それから横浜市民からの寄付金で、住民が毎日の生活で利用する市場を再建した。ここまでは応急処置。そのうえで、都市計画の専門家の職員を送ったんです。現地に住み込んで都市計画案を策定するリード役を担ってもらった。このときも僕は「全部なくなったのはチャンスだ」と言ったんです。それまでバンダ・アチェでは本格的な都市計画を作ったことがなかったから、大変感謝された。

竹中　おっしゃるような**公的なアントレプレナーシップ（起業家精神）が、国のソフ**

トパワーを作るんです。大勢の都市計画家や建築家が向こうに行けば、日本型コンセプトの都市ができ、日本の文化的な影響力が高まる。そんな繰り返しが、日本という国のソフトパワーに結びついていく。たとえば中国が経済開放したとき、アメリカの公認会計事務所が大挙して中国に出て、アメリカ型の会社制度を作った。ロシアが経済開放したときも、アメリカの都市計画会社が盛んに支店を出した。これがアメリカ型の都市建設につながったんです。中田さんがやったのは、それに近いことですよ。

中田　本来は政府がその方向性を戦略的に打ち出すべきでしょう。95年1月17日の阪神・淡路大震災のときは、とにかく一刻も早く日常生活を取り戻そうと、今回よりスピーディに復興したと思います。でも、神戸は海運を韓国の釜山《ぷさん》に取られてしまった。なぜならば、必要だったのは元通りにすることではなく、神戸港を大型化する世界の海運に対応した競争力を持つ先進的な港に造り替えることだった。たとえば、メガシップに対応する大深度バース（埠頭）を整備することや徹底した機械化を進めることなど。やるやらないはともかく、**いままでやりたくてもやれなかったことに転換するチャンスと考えられるか**どうかです。

国家公務員の3分2を地方に移籍せよ

竹中　キーワードは**「フロム・スクラッチ」**です。これは「最初から、ゼロから」という意味。今回、東北のいくつかの市町村では、文字どおり**ゼロから始めることができる**んです。いままでやりたいとか、やろうと思っていた課題がいくつもある。たとえばエコタウンを建設したい。でも古い町があるからできなかった。それがなくなっちゃったから、フロム・スクラッチで白地のキャンバスに描くように、先進的な電力システムを構築できる。農業や漁業の再生もそうです。以前とまったく同じく旧に復するだけでは、これまでのようにジリ貧になっていくだけでしょう。

中田　復興というと前のものを作り直す話ばかり。実はこの街はもういらないとか、鉄道を敷き直すのはやめてバスにしようとまでは、議論されていませんね。

竹中　それは大変重要なポイントです。**「一部は復旧を諦める」という復興もある**はずですよ。たとえば住宅地をどの高台に移すというのは、市町村で決めればいい。この場所には人は住めないことにするという判定は、道州で決めればいい。あるいは、市町村よりも小さなコミュニティごとに、決めるべき問題もあるかもしれない。

中田　おっしゃったことを言い換えれば、働く場所や産業基盤の整備は道州がやる。住民の生活をどう再建し守っていくかという民生部門は基礎自治体の市町村がやる。そんな棲《す》み分《わ》けが必要ですね。

竹中　市町村は大きな仕事を抱えることになるから、その分、**公務員を新たに採用すればいい。国家公務員の3分の2は地方にいるから、その移籍を検討すべきだ**と思います。

中田　阪神・淡路のときも復興会議的なものができ、さまざまなプランが出されました。たとえば先端的な産業地域にしていくとか、国連など国際機関を誘致するとか。そのとき復興プログラムで打ち出したことは正直な話、あまり実現していません。

竹中　まあ、考えてみれば「先端的産業の立地」って当たり前ですね。遅れた産業を立地させることなんて、ありえないんだから。

中田　当たり前のことをリストにしたけど、政府が実行について責任を持たないんです。

竹中　問題は**実現プロセス**です。どんな政策をやるかも大事ですが、それをいかに実現するかのほうが、現実の政策では、はるかに重要です。これは中田さん、経験がおありでしょう。私も経験しました。郵政民営化で何をやるかは、それほど難しくない。

中田 やることはもう決まっているから。

竹中 **いかに実現するかにこそ知恵が必要**なんです。

告発！大問題4 「大風呂敷」を広げる〝後藤新平〟がいない！

竹中 大震災では、**政策の基本、基礎、根本となる構想**が必要で、**それを議論するのが東日本大震災復興構想会議**でなければならない。こう考えると、いまの構想会議がやったことは誤りだという結論が理路整然と得られる。そう私は思います。

ところで構想には、1923（大正12）年9月1日の関東大震災の復興で、内務大臣兼帝都復興院総裁に就任した**後藤新平が広げたような「大風呂敷」が、どうしても必要**なんです。後藤新平は40億円を投じて新しい東京を建設するとブチ上げて、みんなを大仰天《ぎょうてん》させた。当時の40億円を現在の貨幣価値に換算したら200兆円規模です。ところが最初に大風呂敷を広げた計画は、だんだん縮小されていき、最後は当初の10分の1になってしまった。でも、大風呂敷があったからこそ、昭和通り（東京都港区・新橋交差点から江戸橋・岩本町・上野駅前を通って台東区・大関横丁交差点に至る）などの重要なインフラが残った。後藤の原案では、道幅が108メートルもあったんですよ。

中田　銀座中央通りの東側に並行する大通りですね。後藤新平が最初に立てた構想が半分の20億円だったら、昭和通りはまったく建設されなかったかもしれない。日比谷公園も靖国通りもそう。

竹中　いま重要なのは、**サンク・コスト＝ゼロを念頭に置いて、できる限り大きな絵を描く**ことです。5分の1や10分の1にするのは、その後のプロセスで、金庫番の財務大臣がやるべき仕事です。ところが、大風呂敷を広げなければならない復興構想会議が、いちばん初めに金庫番のような発言をした。復興構想を立てる会議が、復旧・復興財源について、「歳出の見直しとともに臨時に増税すべきだ」と提案するなんて、まったく基本に反しています。

中田　最初から「昭和通りはナシ」っていうのと同じですからね。構想と政策の違いが、わかっていない。

竹中　基本にのっとって考えれば、中田さんがおっしゃる白地のキャンバスを大チャンスと見る発想が出てくるはずです。1000年に一度、1万年に一度の巨大災害は、確率は異なるが起こりうる。それらすべての場合を想定して完璧な防災対策を立てるのは不可能です。じゃあ仕方ないから何もしない、というのも違う。たとえば、高さ10メートルのスーパー堤防は100年に一度の想定だった。でも、1000年に一度を想定して高さ15〜20メートルの超スーパー堤防を造るのは、カネと時間がかかりすぎて非現実的。ならば、被災した漁港には耐津波ビルを建てればいいんです。

中田　陸前高田市の病院の例でわかったのは、3階建てでは低すぎること。最低7階建て(地上高約25メートル以上)は必要でしょう。ビルの形状を海・山側に長い流線型(船の舳《へ》先《さき》の形)にすれば、大津波にも耐える。ビルの1階は市場、2階は漁協、3階は役場というように港の施設を入れ込めば、宮城県南三陸町で津波から逃げるようにと最後まで放送し続けて亡くなった女性職員のような悲劇を防ぐことができる。

そういう**基本プランは、日本の最高水準の学者が集まって、これならば大丈夫だというものをぜひ出してもらいたい**と思います。自治体レベルでバラバラに検討するのは重複してムダですからね。日本の海岸線すべてに高さ15メートルの防潮堤を張りめぐらせるのは不可能なんだから、現実的な対処法を考えてくれなければ困る。

「あたり前のこと」をどう実現させるかが大切である

竹中　後藤新平という政治家は、もともとお医者さんから出発した人で、**経済を生命体のようにとらえる**わけです。大風呂敷というけど、実は非常に適切な主張をしている。日清戦争後の1898（明治31）年、台湾総督の児玉源太郎に抜擢《ばってき》されて、台湾総督府の民政長官になった。このとき「ヒラメの目をタイの目に変えることはできない。台湾人を日本人に変えることは難しい」と言って、まず台湾の状況を徹底的に調査した。そのうえで、台湾の事情に合わせた施政をおこなって成功した。**いくら正しいことをやっても、生命体の拒絶反応のように大きな反発を招いてしまう。**それではダメだ。**民族、伝統、文化、慣習など、歴史や社会に応じたやり方が必要だ**というんです。

中田　ヒラメの目とタイの目ですか。おもしろいことを言いますね。

竹中　フランスに「神の見えざる手」のアダム・スミスに強い影響を与えたフランソワ・ケネーという経済学者がいました。ルイ15世の宮廷医としてヴェルサイユ宮殿で暮らした人ですが、彼は人間の血液循環《じゅんかん》にヒントを得て経済循環の理論を立て、『経済表』を出版した。経済の循環を生命体になぞらえて分析したものですが、これが後の国民経済の循環という考え方につながっていく。

同じように経済を生命体としてとらえたのが、イノベーション（革新）が経済を発展させると主張したシュンペーターです。ケインズという経済学者は「経済のここが悪ければ、こうすればいい」という。たとえば不況で失業が増えるときは、公共事業を起こして有効需要を創出せよ、と。ところがシュンペーターは、そんなことには全然、興味がない。不況なんて大した問題じゃない、そのうち終わってしまう。それより経済を一種の生命体としてとらえ、どんな内在的な原因で成長していくかを考える。それがイノベーションだというわけです。後藤新平にもケネーやシュンペーターのように、社会を一種の生命体としてとらえる発想があったと思います。

中田　この国の経済や社会は、どういうメカニズムで動いているか。その全体を見ながら復興計画を立てた。「全体を見る」ことは、縦割り行政の官僚には決してできない。復興会議は、官僚から出てこない大風呂敷を広げなければ。

竹中　おもしろいのは、関東大震災で後藤が立てた復興プランに対して、批判があった。「なんだ、こんなの全然新しくない。今まで言われてきたことばかりじゃないか」という批判です。でも、それでいいんです。

中田　重要だから今まで言われてきたわけですからね。阪神・淡路大震災後の「先端的産業の立地」も当たり前だけど、それでいいんですよ。要は、日頃考えてきたけど、既存の法律、既存の建物、既存の企業活動や市民生活、そして既得権益の壁があって、なかなか着手できなかった、そういうことを前に進めるということ。既存の物を津波で流されたけれども、法律や権利という壁はなくなっていないわけだから、それをまた主張し始めたら何も実行できない。だから、**政治が構想を取りまとめて、今度はその壁を取っ払うことが必要。**

竹中　誰一人として思いつかない、降って湧いたように斬新で奇抜なアイデアなんか、そうそう浮かぶはずがない。**今回も当たり前の話でいい**んです。経済特区、誰だって考えます。高台移住、これも誰だって考えますよ。**問題はその中身であり、どう実現していくかというプロセス**です。郵政民営化も不良債権処理も、誰でも思いつきますよ。問題は、どう実現するかというところで優れたアイデアを出せるかどうか。復興を実現するために役所の縦割りを廃止した組織を作るとか、複数の市町村をまたぐ道州特区を作るとか、政策実現プロセスのアイデアが重要です。

告発！大問題5 政治家に「国家観」がない！

中田　結局のところ、日本の大問題は竹中さんのおっしゃった**「こうあるべきだ」という基本のところを日頃からやっておらず、考えてもいない**ことだ、と僕は思います。つくづく思うけど、日頃から考えていない人が白いキャンバスに新しい絵を描くなんて無理ですよ。

政府も自治体もメディアも、消費税率は何%がいいとか、年金はいくら受け取れるかとか、目の前に見える問題だけを議論する。それに輪をかける形で、誰と誰に確執がある、誰はこんな問題発言をしたといった話ばかりがおもしろおかしく取り沙汰されて、政局話一色になってしまう。政局話は論外としても、日本の政治で語られる政策は目先の些細な各論だけという情けない状態です。本当に問われるべきは、**日本の国はこうあるべきだという国家観**です。これを考えていない政治家が多すぎる。

竹中　問題は常日頃から考えているかどうかだ、というのは本当にそうで、重要な指摘です。後藤新平は考えていました。彼は台湾民政長官に続いて満鉄初代総裁、逓信《ていしん》大臣・鉄道院初代総裁、内務大臣、外務大臣などを歴任した後、しばらく東京市長を務めた。このとき、東京を立派な文明の象徴にするという8億円構想を打ち出して、大風呂敷と言われたんです。仙台藩塩釜村（現・奥州市）という田舎の出身の後藤は、文明に対する憧れが強かったようで、都市こそが文明の象徴だと語っています。だから東京市長として「日本はどうあるべきか」「東京はどうあるべきか」ということを生命体の視点からずっと考え、頭の中に描いていた。そのおかげで大震災後に大胆な復興計画を出すことができた。このことは現在でもとても示唆《しさ》的です。

中田　日本はどうあるべきか、農業はどうあるべきか、21世紀のエコタウンはどうあるべきか、地方の活性化はどうあるべきかと、**日頃から考えている人が復興計画を立てなければ、必ず中途半端で終わってしまう。**

竹中　後藤新平は、自分で考えるだけでなく、**考えている人を大抜擢する**んです。常にブレーン政治ですね。抜擢された一人にアメリカから招いた新渡戸稲造《にとべいなぞう》がいます。彼は、台湾でサトウキビやサツマイモの普及・改良を成功させた功労者でした。おもしろい逸話があって、後藤は台湾に来た新渡戸に報告書を書けと命じた。新渡戸が「台湾の事情を調べてから書きます」と言ったら「いや、いま書け。視線が高いうちに書け」と言った。細かい事情を知りすぎるとマイナスになる。まずは**天下国家の〝上から目線〟で理想像を描けと注文した**わけです。後藤新平は、専門家でもあったけれど、実は近代日本における最大のプロデューサーの一人ですね。人材をとてもうまく使ったと思います。

中田　後藤新平の最期の言葉は、「金を残して死ぬ者は下だ。仕事を残して死ぬ者は中だ。人を残して死ぬ者は上だ。よく覚えておけ」だそうですからね。ところがいま、プロデューサーらしき人物が見あたらない。

そもそも復興会議を設置するだけではダメで、肝心なことは、**会議にどんなミッションを与えるか**です。ところが、政治がミッションを何一つ与えていない。だから、いきなり「増税しかない」「税率は何%が適当だ」という話になってしまう。国家観を日頃からどう考えていたのかが問われているのに、それが政治家にない。「べき論」がないから、ミッションもない。結果的に、復興会議が各論を羅列するだけになってしまう。

竹中　まさに、そうなっています。

日本は世界の「課題解決国家」になれる

中田　では国家観とは、望まれる社会像とは何か。

そこで僕が主張したいのは、**日本は世界の「課題解決国家」になっていくべきだ**、ということです。これは、日本が今後どうやって飯を食っていくかという問題で、日頃から考えておくべき国のテーマでしょう。

竹中さんの前で釈迦《しゃか》に説法ですが、世界には食糧、エネルギー、環境、衛生、社会インフラ、教育、人権問題など、深刻な問題に直面している国が多々あります。こうした問題を解決していくことは、もちろん先進国としての責務だけど、本当は日本にとって大きなビジネスの種。ビジネスとして十分やっていける部分です。それなのに日本は、前向きの大きな投資がなかなかできない。税制がそれを推進する形になってないし、規制も邪魔をする。横浜市長のとき、水道事業を海外に輸出しようとしたら公営企業法があってできない。そこで、横浜ウォーターという子会社をつくって動きやすくして、今はＪＶ（ジョイント・ベンチャー＝企業共同体）の一員として水事業を受注しています。世界の課題解決国家になるためにどうすべきか、僕ですらつねづね考えていた。そこに1000年に一度ともいう大震災が襲った。だから、**いまこそ日本が世界の課題解決に向けてさまざまなチャレンジをする大チャンスだ**、と思うんです。

竹中　日本がどんな国であるべきかを一言でいえば、**世界中の人が「日本に住みたい」「日本人に生まれればよかった」と思えるような社会をつくる**ことです。中田さんがおっしゃるテーマを追求すれば、世界の人が自分も日本に住みたい、自分は日本人に生まれればよかったと思うようになるでしょう。

中田　たとえば海外から投資を募《つの》るとき、東北に投資すれば税制を優遇する、規制を一部緩和《かんわ》する、投資額に対して何パーセントか政府補助金を出すといった各論が出てきていいはずです。今後のエコタウンをつくっていくという方向性に向けた投資なら、特区の際でも認められなかった地域限定の新税制を国内外の事業者に適用してもいいと思うけど、復興会議からは出てこない。**ミッションを与えず、漠然と「復興について何か議論してください」と頼んでいるから**です。これでは、集まった専門家もそれぞれの専門分野で自分が得意な話をするしかない。復興会議のある委員から直接聞いたけど、皆それぞれの専門的意見を言って並べるだけの会議になってしまっていると。

竹中　ミッションが与えられていないというご指摘は、まったく同感です。私がおもしろいと思ったのは宮城県震災復興会議。5月の初会合で村井嘉浩知事が「地球規模で考え、日本の発展も視野に入れた計画を作るうえで適切な助言をお願いしたい」と挨拶《あいさつ》し、宮城県の復興にとどまらない大胆な構想を打ち出してほしいと述べた。つまり、県知事がミッションを与えていますす。ところが、政府の復興会議にはミッションがないんです。

このことが象徴するのは、**政治リーダーたちの経済や政策に関するリテラシーがあまりに低すぎる**という問題です。中田さんのおっしゃる〝そもそも論〟、**「国はどうあるべきか」を何も考えていない**という問題でもある。**白地のキャンパスに新しく描く願ってもない機会だという歴史認識が、残念ながらリーダーにはない。**私は日本経済の先行きには楽観的で、技術も資本も人材もあるから大丈夫だ、と思っています。ところが今回、この国はちょっと危ないなと思い始めた。政治リーダーのリテラシーが低すぎるからです。

中田　そもそも論を掲げると、すぐ官僚から「いや、現実は」という話で混ぜっ返されてしまう。政治家は勉強不足だから、これに反論できない。日頃から考えていないくせに、にわか勉強で大言壮語《たいげんそうご》するから、すぐ底が割れてしまう。

竹中　**経済リテラシーや政策リテラシーを向上させるのは、専門家の役割であり、同時に専門家を使う政府やマスコミの役割**です。ところが、**どちらも機能せず、社会全体が非常に情緒的になっている。**こんな状況で復興税を課すのは根本的に誤った政策だと私は思いますが、世論調査などを見ると、国民は結構ポジティブに反応しているでしょう。

中田　「東北があんなに大変なんだから、消費税の5％アップくらい仕方ない。みんなで我慢しよう」という感じですよね。

竹中　いい加減なワイドショー的ニュースが、国民の経済リテラシーをすごく下げてしまっているからです。国民全体の経済リテラシーが本当に低ければ、技術や資本がどれだけあっても、社会はよくならない。そのリテラシーをちゃんと持とう、と呼びかけるのが政治の役割ですが、そこがすっかり抜け落ちてしまっている。

中田　もうすぐ辞めるはずの総理大臣が、記者会見で突如「日本は脱原発社会を目指す」と言い出し、官房長官が「総理の個人的な思い」、幹事長が「党の方針ではない」と慌てて否定するなんて、もうムチャクチャ。リテラシーを呼びかけようにも、長期的には党として、短期的には政権としての共有しているビジョンが何もない。

竹中　「経済学の父」とされる19世紀イギリスの経済学者アルフレッド・マーシャルは、1885年のケンブリッジ大学経済学教授の就任講演で、「経済学者はクールヘッド（冷静な頭脳）とウォームハート（暖かい心）を持たねばならない」と述べました。**いまの日本は、ウォームハートばかりがものすごく強調され、クールヘッドがあまりにも欠如している。**これは間違いなく日本の心地よさですけど、ここまでクールヘッドが欠如していると危ないぞ、と私は最近思うんです。

告発！大問題6 「真のリーダー」がいない！

中田　阪神・淡路大震災は、自民・社会・新党さきがけ連立の村山富市政権のとき。今回は民主党の菅直人政権のとき。1000年に一度の大震災が、二度までもいちばん何も考えていない政権のときに起こったのは、実に情けない巡り合わせですね。戦前の科学者・寺田寅彦は「天災は、忘れた頃にやってくる」といったけど……。

竹中　天災は、政権が無能なときにやってくる。

中田　村山政権のときオウム真理教事件があった。阪神・淡路が95年1月、地下鉄サリン事件が3月、麻原彰晃逮捕が5月です。オウムに対しては治安維持法で対応すべきだったと僕は思うけど、これも村山首相は決断できなかった。一緒に政権を組んでいた自民党も本気で迫っていなかったこともあるけど、決断できないリーダーのときに限って大事件が起こる。阪神・淡路のときは、自衛隊に対する兵庫県知事の災害派遣要請が遅れて問題になった。その後、自衛隊は派遣要請がなくても出動できるように法改正されて、今回は速やかに行くことができた。

でも、やっぱり前首相の菅さんは、日頃から考えていないことが明らかになってしまった。たとえば、自衛隊には救助や支援活動だけでなく原発処理でも頑張ってもらう必要があったのだから、最初に福島原発を視察に行くときは陸海空の統合幕僚長を連れていくべきでしょう。ところが自分一人で乗り込んでいった。首相対応のためにベント（原子炉内の圧力を減らすガス放出）作業が遅れた、混乱が生じたのはお前のせいだ、いや、そうじゃないって言い合いになってしまった。**司令塔不在は、日本の混乱の元凶**ですね。

竹中　なにしろ自衛隊は暴力装置だという人たちの政権だから。**リーダーは、物事があるべき理想の姿と現実との狭間《はざま》を、常に見続けている人でなければダメ**だと思います。極端な理想主義者でも、極端なリアリストでもダメなんです。ところが前の菅政権は、たぶんもっともふさわしくない人がリーダーをやっていた。その頃、小泉純一郎さんと会ったら、こんなことを言っていましたよ。「かつて私は大相撲で『感動した！』と言った。でも、今はこう言わなければならない。『菅！　どうした!?』と」。

中田　そりゃウケるなあ（笑）。さすが小泉さんだ。

竹中　だから私は、**いまの日本政府がやっていることは子どものサッカーと同じだ、**というんです。

中田　幼い子どものサッカーは、敵も味方もみんなボールの回りにゴチャゴチャ集まる。いちばんうまい子がドリブルでボールをなんとか前に持っていく。フォーメーションを意識して広がり、パスを回して相手を抜く、ということができない。

竹中　フォーメーションもパスもないところが、いまの政府と同じでしょう。ちょっと思いついた者が主導して、目の前の細かいことばかりやっている。前政権の内閣官房のトップが「キリン」と呼ばれる生コン圧送機を原発に送り込んだのは自分だと手柄話をしていたようですが、あんなことは官房トップの仕事じゃない。でも、任せることができない。

中田　政府だけでなく**マスコミも子どものサッカー**です。歴史的な視点を踏まえて調査報道をするとか、過去に大きな争点になったことを検証したり総括したりするメディアがあってもいいはずなのに、ない。独自の作戦も役割分担も考えず、みんな目先の同じネタに飛びつく。結局、記者会見だけに依存する横並び発表報道になって、どの新聞やテレビを見ても中身は同じです。発災直後、海外のメディアがメルトダウンを指摘しても、日本のメディアは記者発表を書いてきただけ。自らに責任が生じる見識は示さないし、結局、「あのときの発表は何だったんだ」と後から政府を責めるというういつものパターン。

非常時はトップダウンで、組織はシンプルに

竹中　全体を俯瞰《ふかん》して見る人が政府にいない。本来ならば**俯瞰して大局観を打ち出すのが構想会議のはずですが、その役割を果たしていないし、ミッションも与えられていない。**民主党政権は、これまで不十分だった**国家戦略局を、ちゃんと活動させるべきなんです。**ところが、内閣法の改正と引き替えに、国家戦略局を格上げする政治主導法案を放棄してしまった。せっかく作った国家戦略局を「もう使いません」と宣言してしまったようなものです。ここまで見事にことごとく正反対のことをやると、呆れるのを忘

れて感心してしまう。

中田　あれだけの巨大地震が起こったら、まず私だったら、**直後に国家安全保障会議を招集します。**でも、前首相の菅さんは招集しなかった。**これを招集し、まず人命救助、消火活動、原発対応に全力を注ぐ。そこに自衛隊の人員を割《さ》けば、通常より手薄になる領土・領海防衛に対する安全保障のシフトもすぐに整える必要がある。当然、同盟国のアメリカとの連携もそのすべてに及ぶ。復興を考えるのはもっと先で、一カ月後でもいい。命からがら避難した人たちが、これからどうなるんだろうと思い始めた段階では、新しいビジョンを示さなければいけない。そのとき国家戦略を議論して、復興構想会議にミッションを与える。**

そのように段階的に順を踏むべきなのに、「電気が大変だ」となると場当たり的に節電担当大臣を任命する。別の問題が生じると、また新しいポストや会議を作る。腰を据えた対応でなく、その場その場の思いつきに終始しています。

竹中　ポストと会議の数だけは、ものすごくたくさん設置しました。先ほどから何度かリーダーシップについて触れたけど、考えてみたら「望ましいリーダー像とは」なんて大げさな話でなく、単に実務の常識という話のような気がしませんか？

中田　一言でいえば、**政治家たちに実務経験と想像力がないのが問題**なんです。

竹中　組織論として専門家が検証するとおもしろいと思うんだけど、委員会が二十いくつかできた。中でも節電担当大臣には私、本当に笑いましたよ。「そんなに大臣が必要ならば、タービン建屋担当大臣とかコオナゴ被害担当大臣も作ったらどうなんだ」と冗談で言ったんですけど。ほとんど〝ごっこ遊び〟みたいな世界ですね。

中田　防波堤担当補佐官とか支援物資公平分配補佐官とかも必要（笑）。冗談でなく、本当に船頭ばかりいて、船が右往左往し、山に登っている印象がある。でも、仮にも一国の政府、最高の行政機関である内閣ですからね。子どものサッカーやなんとかごっこでは、国民は本当に救われない。

竹中　**危機のときこそ、組織はシンプルでなければならない**。これは常識ですよ。必要な委員会は作ればいいけど、すべての情報は国家戦略局に上がってくる形にして、その頂点のところに総理がドーンと座らないと。二十いくつの会議のどれにも大臣が出なければいけないとなると、大臣はあっぷあっぷだし、役人も複数の会議を兼職せざるをえない。その結果、組織として回らなくなってしまう。**現場はそれなりの対応を一生懸命しているのに、司令塔機能がない**。現場の頑張りと中央の混乱は日本でよく言われることですが、今回も混乱の極みを招きました。収束の気配すら見えない。

中田　平常時と非常時で、頭の切り替えができていない。平時はボトムアップで情報を集めたうえで、トップが判断すればいい。この判断は、さまざまな条件や材料が全部出そろわなければできない。それでも平時は間に合います。

しかし、非常時には、どこで何が起こったのか、生存者と死者が何人くらいなのかも、はっきりしない。それでも、地震が起こって多くの死者が出たようだという現実に、とにかく初動を指示する。ボトムアップを待っている余裕はなく、曖昧《あいまい》な情報しかない段階でトップがどんどん判断し、逐次的に対応を打ち出していくことが必要です。これは、**トップダウンでしかできない。**ところが、平時と非常時という二つの頭の切り替えができていませんね。そういう訓練をしたことがないし、そもそも実務経験がないから、無理なんだと思います。

復興構想会議を、官僚と政治家の隠れミノにするな！

竹中　いま、政権の中枢にいる人たちに実務経験がないとおっしゃった。それは事実ですが、これくらいのことは実務経験がなくてもある程度わかるはずだ、とも思うんです。問題は実務経験の有無以前ではないか。何が起こっているかといえば、**ミッションを一切与えられていない復興構想会議が「行政の隠れミノ」になってしまっている。**

中田　確かに、私だってSARSや新型インフルエンザ、新潟県中越大震災の対応は、実務経験があったからできたわけではない。逆に、それが実務経験になった。いま復興構想会議によって、政治家と官僚が自分たちを「待ち」の状態にしているということですね。

竹中　こんな復興構想会議なんて、議長は辞表をたたきつけて辞めればいいと思います。ところが五百籏頭真《いおきべまこと》さんは、防衛大学校長などを務めた政治・歴史学者ですけど、一生懸命まじめに仕事をしている。復興構想会議は6月に結論を出すと言いましたが、それは行政が緊急の対応をどうするかという段階。だから、復興構想会議が責任を持つならば、**最初の1週間で「総理官邸の下でやれることを、超法規的にすべてやれ」という緊急提言を出す。そのうえで中期の復興構想を時間をかけて練るべきだった。**構想会議は、そんなしたたかさを持つべきだったと思います。

中田　でも、急に集められたメンバーで、そこまでできますか？　やはりミッションを与えられなければ、動きようがないでしょう。「検討してほしい」と設けられた構想会議が、

「やれ」と提言を出せるような力関係にはない。

竹中　基本的には政府の中で働いたことのない人ばかりの急造会議だから、そこまで求めるのは無理でしょうけど。辛坊治郎さんが司会をされている報道番組「ウェークアップ！ぷらす」（読売テレビ）にコメンテーターとして出たとき、たまたま五百旗頭さんもいましたが、そこで出た質問はすべて行政に関する質問だった。五百旗頭さんが答える必要のない話に答えさせられていた。この非常時にもかかわらず、行政が復興会議を隠れミノにしているという異常な状況です。

中田　行政の隠れミノは、役所が設置する審議会や委員会に対していわれてきたことですね。最初から結論が出ているんだけど、役所の官僚が決めたという形を避けるために、各方面の有識者などを委員にして会合を重ねる。でも、事務局を官僚が務めて、第1回の議題はこれというように段取りを組んで進める。資料もすべて役所が用意して、あらかじめ決められた結論に落とし込んでいく。いわば〝やらせ〟ですよね。

竹中　本当の専門家は、審議会委員から除くんです。学問的に権威とされる難しい本を書き、何となくもっともらしく見えて、しかも足元のことがよくわからないような学者がいちばん好まれます。だから役人にいいように使われてしまう。

中田　平時ならばまだしも、**いまは非常時だから、なおさら行政の隠れミノの弊害が大きくなってしまうん**ですね。

告発！大問題6　東電の巨額賠償金は結局、国民負担にするしかない！

竹中　東北地方には、3・11の本震より大きな余震はこない。だから3・11よりも大きな津波も当面こない。たぶん数百年以上こないでしょう。そこで今後、もっとも大きな問題となるのは、**福島第一原発事故を引き起こした東京電力の問題**です。メルトダウンした原発そのものの処理は、時間はかかっても、なんとかなると思います。大問題は、**10兆円では足りないかもしれない巨額の賠償責任という問題**です。どう思いますか？

中田　東電の賠償問題は、**最終的に税金を投入してやるのか、あるいは税金を入れず電気料金の値上げでやるのか**。いずれにせよ**国民負担**ですね。

竹中　そのとおり。その答えがもっとも重要です。新聞は、東電の責任を無限にするか有限にするかという問題を記事にする。事務的にはどこかでその仕切りが必要ですが、実は国民にとっては大した問題ではない。東電が負担するなら電気料金が上がるし、国が負担するなら税金が上がる。どちらにしても国民負担です。いま中田さんは即答されたけど、この問題がまったく議論されていない。**福島の人たちは自分に何の落ち度もないのに、原発の近くに住んでいるというだけで、住まいを移動しなければならない。これは何らかの形で救済しなければならず、負担するのは国民以外にない**んです。

中田　では、原発被害に対する賠償や救済はいくらかかるのか。これは、今の段階では誰もわからない。

竹中　4兆円で済むのか、8兆円くらいか、10兆円を超えるのか、まだよくわからない。どこまで賠償するかも政府判断で、すべての問題が出尽くしていませんから。問題は、いずれにせよ公的負担、つまり国民負担だということです。だから**政策の基本は、国民負担でちゃんと賠償しながら、負担額をいかに最小化するか**です。

中田　ところが、いまは東電の責任問題だけを議論している。東電だけをキリキリ責め上げています。もちろん東電は、役員報酬を削る、全体の給与水準を下げる、合理化を進める、内部留保を吐き出す、遊休地や遊休設備を売るといった対応が必要でしょう。でも、その議論だけに終始するのはおかしい。マスコミが騒ぐのは、給料をもらいすぎとか、豪勢な福利厚生施設があったとか、そんな話ばかりですね。

竹中　さもしい議論ばかり。東電の賠償問題は、政策の基本からすれば、2003年に経営破綻《はたん》した足利銀行の問題と同じです。つまり、**公的な性格を持つ民間企業が債務超過の危機に瀕《ひん》している。**しかし、この企業が完全になくなってしまったら、多くの国民は大損害を受ける。関東地方で電力供給を受けられず、原発事故の賠償も受けられなくなってしまう。だから、電力供給と賠償という責任だけは果たしてもらわなければ困る。

中田　竹中さんは小泉政権の経済財政担当大臣・金融担当大臣として、銀行の不良債権処理問題に取り組まれた。足利銀行をどうしました？

竹中　自己資本比率が低下してゼロに近づいた「りそな銀行」には資本注入し、マイナスになった足利銀行は一時国有化しました。これは各国の常識的なルールで、日本では預金保険法102条に基づいて政府が介入できます。銀行の破綻がほかの銀行や産業・企業の連鎖的な破綻を招く「システミック・リスク」の心配がなければ、介入しなくてもかまわない。

国民負担を最小化する方法はある！

中田　足利銀行のケースと東京電力を重ねると、どんなやり方が考えられますか？

竹中　第一に、足利銀行の場合は経営者に責任を取ってもらった。これは給与を半分にするなんてけちな話ではなく、経営陣総取っ替えです。旧経営陣には違法配当や不正融資の疑いがあったので、新しい経営陣が総額46億円の損害賠償を求める裁判を起こし、元頭取らと個人資産のうち生活資金以外を処分して賠償に充てるという和解に至っています。私は**東京電力も、経営陣の総取っ替えが必要**だと思います。

第二に、これが国民負担を最小化するもっとも重要なポイントですが、**東電が3兆円弱の内部留保をきちんと出す**ことです。福島に原発を建設し、あのような形で運転してよいということは、過去の株主総会でオーソライズされてきたのですから、東電の株主にも当然、責任があります。**株主にも負担を求める形で国民負担を、できるだけ小さくしなければならない。**

第三に、**一般債権をどうするか。**つまり**東電に資金を貸している銀行や、社債を**

引き受けている企業や個人などの債権者に、どこまで負担を求めるか。これはケース・バイ・ケースですが、足利銀行と東電のスキームはよく似ています。銀行の場合は破綻が起こりうるから預金保険機構を設置して、これに各銀行がおカネを出し、足りない場合は国が負担する。今回も同じなんです。

中田　東京電力でも同じスキームを作ろうとしている。つまり、銀行にとっての預金保険機構に相当する電力会社の新しい機構を作ろうとしているんですね。

竹中　一つ根本的に異なるのは、今回、責任問題が何も議論されていないことです。いま言ったように株主の負担は当然ですが、誰も口にしないでしょう。当時の枝野幸男官房長官は政治家だから、それはおかしい、誰かが負担しないと国民は納得しないぞと思ったのでしょう。それで思いつきのように「銀行の債権放棄が必要じゃないか」と言い出した。

ところが、これは順番が明らかに間違っている。**責任を取る順番は、まず経営者。次が出資者で株主。カネを貸した債権者はその次**なんです。こんな当たり前の議論すらできない経済リテラシーの欠如に、私は愕然とします。

中田　枝野さんも、もったいない。国民負担を小さくしなければ、という考え方は間違っていなかったのに。**金融機関に債権放棄を求める前に、金融機関は東電の株式をた**

くさん持っている株主なんだから、そちらの責任をまず問うべきだった。

竹中　そのとおりです。

中田　東京電力は地域独占の半ば役所というか、公共機関のような会社。東電株は長期安定株と見なされ、金融機関や機関投資家の保有も多い。東京都は4200万株以上持っていてトップテンに入る大株主です。実は福島県も保有している。

竹中　東電株の約36％は銀行が持っています。

中田　そっちに責任を持っていく議論をせずに、債権放棄だけをお願いすれば、それは筋が違うだろうという話になってしまう。

竹中　枝野さんは、23歳で司法試験に合格した弁護士、つまり法律家ですよ。だから、法律家としておかしい。だって責任が生じるのは普通株、優先株、一般債権の順序というのは会社法の常識ですから。法律家としてそれを知らないはずがないのに、政治家として筋が通らないことを言うのは、なんとも不思議な話です。

中田　これも議論されていないのは、一般の人びとが、東電が事故を起こしたのに電気料金を値上げするのはけしからんという。ツイッターでも「電力料金値上げ反対署名」というのが拡散している。でも東京電力管内、つまり関東地方の住民は、これまで原発のリスクに対応する電気代を払ってこなかったという結果になったわけです。これまでの電気代は、15メートルの防潮堤建設費や、全電源喪失を回避する装置・設備費を織り込んでいないから、そのぶん安かった。簡単に言えば、そういうことですね。

竹中　おっしゃるとおりです。

中田　だから、東京電力管内の住民は、今回の後始末の電気料金値上げに反対するだけでは済まない。そもそも原発リスクに対応しない安い設定だった電気料金を、今後は値上げしていいのか。あるいはその値上げにも反対で、危険なまま安い電気を使いたいのか。とくに、顕在化した過去のリスク費用に対する負担、これは原発賛成派にとっても反対派にとっても等しく同じこと。**「私は原発に反対だった」ではなく、「私も電気を使っていた」ということ**です。この話を整理する必要があるのに、誰も問題提起していない。

竹中　そのリスク対応に税金を使うというのであれば、それはそれで一つの議論ですけどね。**日本の原発は、わずか数時間の全電源喪失に見舞われただけで20キロ圏内が立ち入り禁止になるリスクがある**ことが、今回はっきりした。だから、そのリスクに対応しなければならない。そのために税金を使わないなら、必ず電気料金が上がります。そのために電気料金を値上げしないなら、必ず税金が上がります。**いままでなかったリス**

ク対応を新しく始めるんだから、いずれにせよ国民負担は増えるんです。そのツイッターで集められている署名というのも、リテラシーが欠如しています。

中田　まあ、感情論ですよね。

竹中　ほとんど「賠償するな」という議論ですよ、それは。

中田　東京電力に対して「お前たち、土下座して謝れ！」と文句が言えるのは、自分たちは電力供給を受けていないのに大きな被害を受けた、福島の避難地域やその周辺の人たちくらいでしょう。ただ、これに対しても、これまで各自治体を通じて原発の誘致活動があり、その後各種の金銭補償を受けてきたという経緯はある。あとは現実に放射能汚染で生産に支障をきたした人たち。彼らが東電を責めるのは当然だけど、それ以外の東京電力管内に住んでいる人たちが責めるのは筋から言えば違うと僕は思います。

告発！大問題8　小泉政権の電力自由化をつぶしたのはコイツだ！

竹中　小泉内閣で私たちは、実は電力の自由化をやろうとしました。もっとも強硬に反対したのは、ほかならぬ東京電力です。

中田　当然そうだったでしょう。

竹中　あのとき、**いろいろな場所に発電所を設けておけば、今回のような電力不足にはならなかった**かもしれない。いま対談をしている六本木ヒルズのこの森タワーは、わずかながら東電に電力を売っている。そういうビルが増えていればね。でも東電は「いや、私たちはもっとも安いコストで安定した電力を作っている。民間の発電など一切必要ありません」と競争排除の論理を貫いてきた。その結果が無計画停電です。

中田　森タワーは、ガスによる自家発電で電力をまかなっていますよね。トラブルでダメになったときのバックアップは灯油による発電機の稼働。それでも無理な場合は東電から供給を受けるという順番になっているので、日常的には電力を自給し余剰分を東電に売っている。今後、**電力自給の都市創りや建築を誘導していく建築基準や税制などを設けて、10年から20年で原発の供給割合を減らしていく計画が必要だ**と思います。そうしたこととセットで原発縮小や反対は論じるべきだと思いますが、いまは単なる原発アレルギーからの感情的な脱原発論になっている。さらに、これまた唐突に「発送電分離」の話が出てきている。

竹中　東電問題を当たり前に処理すれば、こうなります。まず東電は、申し訳ないけど**一時国有化するしかない。経営者には責任を取ってもらう。**そして**必要な賠償は国がやる。**そのうえで、**関東地方には電力会社が必要だから民間に売ればいい。**だから東電はなくなっても別の電力会社が残る。**売却時に発電部門と送電部門を分離して別々に売ればいい**んです。長年の懸案だった発送電分離は、こうして一気に解決することができます。

中田　ヨーロッパは発送電分離でしょう、EUは。

竹中　改正EU電力指令が出て、フランスすら発送電分離です。これは考えてみれば当たり前のこと。なぜ電力会社に地域独占を認めてきたかといえば、「規模の利益」が働くからです。規模の利益というのは、生産規模が拡大すればするほど単位当たりのコストが小さくなる。送電には、ある程度この原理が働きます。発電は、バラバラに発電して自由に売れれば、競争原理でコストが小さくなる。だから地域独占にしておく必要はないんです。

中田　電力会社は、もともと細かく分かれていた民間企業を、政府が戦争中に統合したんですね。戦時体制の必要から束ねたものをずっとそのままにしておくのは、日本人の悪い癖です。とくに電力会社は「公共」という名の下で独占状態に置いてきた。高度経済成長が戦争の継続だったと言えないこともないけど、それは終わったんだから新しい仕組みが必要です。ここでも大震災は大きなチャンスをもたらしている。**長い間改善できなかった戦時下の仕組みを、新しい電力供給システムに組み替える大チャンス。**それを10年でやって、世界に売り出せばいいんです。

絶対認めてはいけない！「東電を100％温存したままでの救済」

竹中　東電問題のスキームは11年5月13日、関係閣僚会合で合意されました。でも、これをそのまま認めたら絶対にダメです。合意文書は、ある意味でとてもおもしろい。普通こんな正直に、稚拙に書くかということを二つ書いてあります。

一つは「原子力事業者を債務超過にさせない」とある。すごいでしょう。今後、何兆円出ていくかわからないのに、すべて国が面倒を見て救済すると言い切っている。もう一つは「全てのステークホルダーに協力を求め」とある。ステークホルダーというのは株主や債権者ですが、「責任を求める」とは一言も書いてない。出資者の責任を一切問わず、国民負担で債務超過にしないと決めるとは、いったい何事なのか。これは**東電を100％**

そのまま温存して救済する内容です。普通〝霞が関文学〟というのは、もうちょっと遠回しに隠して書くものなんですが、いかに稚拙かということですね。

中田　そもそも福島第一原発で事故が起こって、まず原子力災害対策特別措置法に定める総理大臣の原子力緊急事態宣言があった。原発事故に関しては、ここで、政府の責任に移ったわけですね。内閣府に原子力災害対策本部まで作ったわけだから。それで政府が責任を持って当事者である東京電力をコントロールしながら、事故を収束させる。その後は、竹中さんがおっしゃったように一時国有化に移行するのが、いちばんスムーズな流れだろうと思いますね。

竹中　ところが、前政権の最大の特徴は、**ただひたすら全関係者に協力を「お願い」するんです。**浜岡原発は止めてくれとお願いした。20キロ圏外も自主避難をお願いした。**よって政府には責任が一切ない。**お願いした結果「浜岡原発の停止を決めたのは中部電力」だし、「自主避難したのは住民」ですから。無責任な話だけど、東電を一時国有化すれば、政府の責任が生じるから、きちんとした権限も生まれてくるんじゃないですか。

中田　民間に対して法律ではなく権限を盾にした「指導行政」は役人の得意技ですが、今回の場合は、**首相官邸による「お願い行政」になっている。**

告発！大問題9

「社会保障と税の一体改革」は大いなるごまかしである！

竹中　増税を提言するのは構想会議の役割ではないということを、もう一度確認したうえで、ここで財政の話をしておきましょう。これも財政の基本中の基本ですが、キーワードは**「みんなで負担しなければ」**です。大震災で大変な状況だから、みんなで負担しなければいけないというのは、まことに正しい。これには国内に異論はないでしょう。

ただし、みんなで負担する方法にはいろいろある。「みんなで負担」ならば増税しかないだろうと、エモーショナルな議論が重ねられているわけですが、たとえば国債整理基金の剰余金12兆円を使えば、みんなで負担することになる。それなのに、いきなり増税の話にいくのは、途中をすべてすっ飛ばしています。

中田　そもそもメディアが、財務省のいうとおりの主張を流して「増税しかない」という雰囲気を作っていますよね。おっしゃるような選択肢をまったく示さない。国債整理基金の剰余金12兆円という額どころか、基金の存在すら誰も知りません。

竹中　これも財政の基本ですが、恒久的な歳出に対しては、恒久的な歳入が必要です。恒久的な歳入とは税金による収入です。恒久的な歳出とは、たとえば児童手当のように毎年何兆円必要だという継続的な支出です。恒久的な歳出は税金でまかなうのが妥当です。しかし、一時的な歳出に対しては一時的な歳入を充てればいいので、税金でまかなう必要はありません。こんなこと、財政のイロハのイですよね。

中田　ところが、それが逆になっている。日本政府は、新年度予算を組むのに税金だけでは足りないと、埋蔵金を発掘して使った。つまり恒久的な歳出に対して、一時的な歳入を充てていた。5〜6兆円の子ども手当という恒久的な歳出に対しても、国債を発行して得た一時的な歳入を充てていた。一方で、今回の東日本大震災で必要となる一時的な歳出に対して、増税して恒久的な歳入を増やすという。まったく逆ですね。

竹中　まったく逆。1回こっきりの10兆円を手当てするのに、なぜ増税が必要なのか。まったく支離滅裂です。**「みんなで負担しなければ」というムードを利用して、金庫番の財務省が「この際だから増税してしまえ」と目論《もくろ》んでいる**のが、見え見えなんです。これを「そんなバカなことを言うな」と止めるのがリーダーの役目なのに、総理大臣以下全員が財務省の主張に乗っかって増税を叫んでいる。大風呂敷を広げるべき復興構想会議までもが、それに毒されている。自民党も増税反対をそれほどきつく言わない。明らかにおかしいですよ、この政府や国会は。

中田　役人の考えやメディアの作る雰囲気に、政治家が完全に流されているんです。一つ気をつけなければいけないのは、やっぱり900兆円というような日本政府の借金、つまり国債残高を、誰もが非常に不安を感じていることです。これを解決するために増税のプログラムを立てる必要が、僕はあると思う。もちろん一時金に対する恒久的な増税なんてあり得ない。それは国債を発行してまかない、みんなで少しずつ返していくプロセスしかないと思います。

大震災で発行する国債だろうが、これまでのような赤字国債だろうが、日本の債務をどんどん膨らませることは間違いない。これに対して**増税のプログラムという将来像を作っていく**ことが大事です。そのプログラムがなければ、ヘッジファンドなんかが出てきて円や国債をおかしくしてしまう可能性をかなり懸念しなくてはいけないんじゃないか、と思います。

竹中　今回のような危機は一種の極限状況で、さまざまな問題を見事にあぶり出します。財政問題でいえば、日本にはもともと**無責任財政論**が二つあるんです。一つは「亀井静香的な無責任財政論」で、国債なんかいくら出しても大丈夫だという。もう一つの無責任財政論は「財務省的な無責任財政論」で、国債が増えて大変だけど増税すれば大丈夫だという。これは両方とも間違っています。

国債には出せる限度があります。しかし、国債を出すのを抑えるのは増税ではない。右肩上がりで傾きが少し違う二つの直線グラフを、思い浮かべてください。縦軸の目盛が金額、横軸が年で、上のグラフが歳出、下の直線は歳入です。２０１１年には、上下の差は44兆円（赤字）です。しかし、歳出・歳入の差額がどれだけ大きくても、歳出よりも歳入のグラフの傾きのほうが少しでも大きければ、やがて財政赤字は必ず解消されます。傾きによって10年後か50年後か１００年後かわからないけど、歳入の伸びのほうが大きければ財政は必ず黒字になる。だから問題は、**歳出の傾きをいかに抑え（傾きを小さくし）、歳入の傾きをいかに上向かせる（傾きを大きくする）か**です。対策はこの二つに尽きるわけです。

中田　明らかに、その二つが基本ですね。どちらもやらなければならない。

竹中　そして、歳入グラフの傾きを上に向かせるもっとも効果的な方法は、**名目経済成長率を高める**ことです。歳出グラフの傾きを下に向かせるもっとも効果的な方法は、**歳**

出抑制ですから、つまり**社会保障改革**です。この当たり前の二つのことを、まずやるべきです。ところで、２０１１年は東日本大震災が起こったから、歳出が1年だけ10兆円ポーンと増えます。でも、それだけの話です。国と地方の借金が合わせて１０００兆円というとき、その10兆円の臨時支出が日本の財政を根本的に悪化させることなど、絶対にありえません。

中田　いや、よくわかります。その10兆円が問題なら、失われた20年の間に毎年のようにやっていた特別経済対策は何なんだという話になる。

竹中　問題は**「社会保障と税の一体改革」**です。これは与謝野馨さんがずっと昔から言い続けていることで、歳入の傾きは現在も将来もずっと低いままだと主張して譲らない。しかも、歳出の傾きは、ほとんど抑制できずに高いままだと主張する。したがって歳出と歳入の差は広がる一方であり、対策は増税しかないというんです。小泉内閣時代の経済財政諮問会議でも「いや、違うでしょう。景気をよくすれば歳入は増えますよ。社会保険庁を見ても社会保障支出のムダは明らかだから、削れば歳出は減りますよ」と、ずいぶんやったものです。でも、与謝野さんは自民党から民主党に鞍替えして、いまだに同じことを言い続けている。

中田　消費税は上げるが、そのぶん社会保障を充実させるといっていますね。身近な例でいえば、タクシー料金を値上げする。でもそのぶん空気清浄機をつけたり、車載テレビをつけたり、敬語を使って丁寧に応接しますから、というようなもの。「いらないよ、そんなの」っていう物をつけて、タクシー料金を繰り返し値上げするようなものですね。

竹中　そうそう。しかし、それを菅さんは自分の置き土産にしようとした。もう、最悪だと思います。

プライマリーバランスが回復すれば、増税の必要はなくなる

中田　財政については、国の累積債務も地方自治体のそれも、とんでもないほど天文学的な金額です。これに対してどんな処方箋があるか。まず**プライマリーバランス（基礎的財政収支）をきちんと黒字にして、債務を減らしていく体制を作る**ことが、何よりも重要でしょう。一刻も早くそのトレンドを作るべきだ、と僕は思います。私は横浜市の財政健全化を実現しましたが、「これだけ膨大な借金を2、3年でなくすなんてできない。必要なのは、毎年少しでも債務が減っているというトレンドをつくること」と言い続

けた。極端な話、今年は前年より1円でも累積赤字が減ればいい。そうすれば日本という国に対する信頼が出てきて、投資も戻ってくる。それならば、借金し続けることができる。何百兆円という赤字を5年や10年でゼロには絶対にできない。でも、50年後に累積ゼロに近づけるトレンドがあればいい。

竹中　そのトレンドの、もっともわかりやすい入口が**プライマリーバランス**です。これは借入金（国債）を除く正味《しょうみ》の歳入（税収）と、借入金の利払いを除く正味の歳出（政策経費）から見た収支のこと。**これをプラスマイナス・ゼロに回復させれば、GDPに対する債務残高の割合が減り始める。**債務の絶対額は増えたとしても、GDPに対する相対的な比率が下がります。私は、とにかくそれをやればよいと思う。実は2007年にはもう少しで達成できるところまでいった。03年に28兆円だった基礎的財政赤字が、07年に6兆円まで減ったんです。

中田　03~07年までの5年間は、不良債権処理が終わって景気が上向いたし、社会保障費の伸びも抑制されたからですね。

竹中　それをやめたのが麻生太郎内閣です。それに民主党政権の鳩山さんと菅さんが輪を掛けてしまった。直近の4人の総理大臣のときにトレンドが狂ってしまっただけだから、今からでも、戻そうと思えばできるんです。そして小泉内閣の前例を見れば、**プライマリーバランスの回復は、消費税の増税なしにできます。**

これとは別に、私は**消費税は10％くらいまでは上げてもよい**と考えています。もちろん**公務員給与の2割削減や、社会保障支出の削減をちゃんとやったうえでの話**ですけど。それで若い世代の社会保障を若干充実させるべきだと思います。しかし、年金や医療にこれ以上おカネをかけるのは無理です。人数の塊《かたまり》が大きいから、いくらカネを注ぎ込んでも、すぐになくなってしまう。

中田　そもそも「社会保障と税の一体改革」は、確かに一方が「出」で他方が「入り」ですが、実は出の一部と入りの一部だけに注目して、「一体的」という議論をしているわけです。たとえば支出の大きな部分を占める公務員の人件費という問題は、別に改革しない。つまり、一方で減らして他方で増やす二つのものを、恣意的《しいてき》に選んで「一体的」と言っていることになりますね。

竹中　おっしゃるとおり。社会保障支出と税収入だけを比べて、一方が増え続けているから他方を増やさなければと考えること自体が、そもそも間違っています。

中田　家計をやりくりする主婦が「社会保障支出とパート収入の一体改革」を言い出した

らおもしろい。社会保障支出は、医療費、健康保険料、介護保険料、年金の掛け金など。でも「社会保障支出が増え続けているから、週3日のパートを週6日に増やさなければ」とだけ考える主婦なんて、ありえない。普通はパートを増やす前に、旅行を取りやめるとか、ハンドバッグを買うのを諦めるとかするはずです。それと同じでしょう。

竹中 だから重要なのは**「経済と財政の一体改革」**です。その財政の一部として社会保障支出と税収入がある。経済全体を見ず、財政のうち出と入りの一部だけを恣意的に取り上げて改革しても、まったく無意味です。

中田 しかも、東日本大震災で、財政支出が増えるんだけど、実は経済そのものも大きく傷《いた》んでしまった。経済と財政に注目しなければならないことは当然です。

竹中 いま日本で起こっていることは、社会保障や税の問題よりも、ある意味でもっと深刻なんです。経済には需要と供給がある。大震災で供給に起こったのは、**供給力が下がった**ことです。東北の生産設備が失われて、おそらく数%下がった。それだけなら、もともと需要に比べて供給が多すぎたのだから、どうってことはないですが、実は**需要も下がってしまった。**政権に対する信頼感が失われ、消費性向がガタッと下がって、消費者心理が冷え込んでいる。

論より証拠、11年第1四半期（1～3月）のGDP成長率はマイナス3・5%ですが、その7割は消費の停滞によります。残る3割はサプライチェーンが被害を受けた輸出の停滞によるんです。だから、**日本はまず消費を回復して、復興需要を起こさなければならない。**ところが、少額の11年度第二次補正がやっと7月末に通ったというスローペースですから、需要はなかなか出てこない。サプライチェーンが傷んだことで、部品の調達を海外に求める企業も少なからず出る。定期点検に入った各地の原発が軒並み停止に追い込まれていますから、電力不足も長引く。大手メーカーが平日に休業したり残業を減らしたりしている。だから日本の供給力は、しばらく戻ってこない。

中田　でも、そんな経済状況なのに、経団連会長が記者会見で「個人的には、（法人税の）切り下げはやめてもらって結構だ」と語った。財界総理がそれでよいのかと思います。

竹中　法人税も基本をまったく無視した話です。内閣府の試算によれば、東日本大震災で約17兆円の資本が失われてしまった。これからおカネをいっぱい使って投資しなければならない。だから増税が必要だと政府はいうんだけど、17兆円のうち公的資本が失われたのは実は数兆円。残りの3分の2は民間資本が失われたんです。**民間のほうが政府より大変なのだから、法人税はさらに引き下げなければならない。**それなのに引き下げる予定をやめて、復興増税10兆円だ、その先は消費税10％の増税だと言っている。これらはすべて経済の基本に反しています。

中田　しかも、それをテレビのキャスターが口にするならまだしも、政策担当者や政治家や財界人が受け入れてしまっている。**求められているマクロ経済政策は、法人税を下げ、規制を緩和して、世界の投資が日本に向くようにすること**です。増税で企業活動を締め上げることではない。ところが、そう主張する政治家が見あたらないのは、情けない限りです。さっき、政治家が復興会議にミッションを与えていないというところで、「日頃から考えていないからだ」って言ったけど、逆に財務省は、朝から晩まで365日、「どうすれば増税できるか」ということを考え続けている。だから、「これはチャンスだ」とばかりに消費税増税もすぐに出てきたし、政治家に進言して歩いている。

震災を理由にTPP参加を先延ばしするな！

竹中　大震災でチャレンジをするチャンスが生じたのに逃しているという事例がいくつも出ましたが、財政にも関連する典型例に、**TPP（Trans-Pacific Partnership＝環太**

平洋戦略的経済連携協定）の先延ばしという問題があります。これもまったく逆。**TPPに対応できる強い農業を作るにはどうするかというプランを出さなければならない**のに、ただ先延ばしにしてしまった。

中田　そもそもTPPの協議に参加するのに国会の承認はいらない。国会で議論して決める話ではなく、政府が参加するという意思表示をして参加すればいいだけの話。関税をどうするんだとか、何年間かけてやるんだという問題は、参加し交渉したとき初めて出てくる。それが嫌なら、国会はそれに対して意思表示ができる。採決して批准《ひじゅん》しなければいいんだから、TPP参加は文字どおり参加であって、別に協定の締結ではない。それに参加すべきだと言い出したのは民主党政権なのだから、先延ばしにする理由がない。なんで先延ばしにしたかといえば、「TPPで崩壊してしまう」と反発している国内の農業に対する配慮ですね。

竹中　だから、エクスキューズのためだけに先延ばしにした。TPPには約10カ国が参加しますが、国会の議決をへて参加した国なんかありえない。だって交渉なんだから。まことに残念だと思うのは、**その交渉は「何をTPPの例外にするか」を決めている**わけです。これこそ日本にとって、もっとも大事なところ。参加して初めて「日本としては、これを例外にしてもらいたい」と主張できる。そのいちばん大事なところに行くという手前で、国内の反対勢力に対するエクスキューズで止まっているんです。

中田　自分で自分のクビを絞めている。各国が決めたメニューを見てから、参加するかしないか決めるというのが、実に不思議ですね。

竹中　それでは、参加することにならない。だって、自分の利害がまったく反映されていないんだから。

中田　みんなで「うまいものでも食べに行こう」と言っているとき、一人だけ、ほかのみんながどのレストランに行くか決めるのを見てから、「おいしそうなら参加する」と言っているようなもの。それじゃあ、焼肉を食べたいと思っていても、食べられない。現状のＴＰＰの交渉段階で言えば、ハンバーガーは食べたくないとか自分が拒否したいことを主張できるわけです。そもそも日本の報道を見て、ＴＰＰがすでにできあがって存在していると思うのが、大きな勘違い。そんなの、まだ成立も存在もしていない状態ですよ。だから、みんなで集まってどうしようかと話し合っている段階なわけです。

竹中　ＴＰＰのキャッチフレーズは「例外なき自由貿易」というけど、これは２００６年にシンガポール、ブルネイ、チリ、ニュージーランドの４カ国が始めたときの話。いまアメリカが主導して、10カ国（日本を含む）でやろうとしているのは、まさに交渉で、**何を例外にするかと議論している。**アメリカは「ピーナッツは例外にしてくれ」とか主張するわけです。その主張の場に参加することを見合わせるとは……。この**愚策のツケは相当長い間、日本に響いてくる**と思います。

中田　TPP議論に参加するのは、今からでも遅くないでしょう。大震災で大津波をかぶってめちゃくちゃになってしまった場所を、農業ができるようにするには、ものすごくカネがかかります。先日も陸前高田市で片付けを手伝ってきたけど、一見瓦礫《がれき》の撤去が終わったように見えるのは、倒壊住宅や車や丸太など大きなものがなくなったから。農地の地表20～30センチのところには、無数のガラス片、プラスチック片、そのほか何でも埋まっている。それを取り除いたとしても、塩をかぶっているから土壌改良をやって、場所によっては放射能の除染も必要でしょう。個々の農家の力で田畑を作付け可能な状態に戻すことは一生かかっても無理。行政が前と同じにして、高齢化する零細農家に「さあ、農業をやってください」なんていうのも愚の骨頂です。

いずれにせよ、被災した農家の救済にはべらぼうなカネがかかるんだから、**国が面倒を見て、主権を制限し国有地化する。そこに大きな農業法人か何かをドーンと作っ**

て、大規模農業をやる。お年寄りもそこに所属して、これまでより大きな農業所得を得る。もう後継者の心配もいらない。そんな大チャンスだと思います。

告発！大問題10 「新しい国土政策」はもうやるしかない！

竹中 さて、**現在の複合連鎖危機に立ち向かうために、いまどんな手立てが必要なのか。早急にやるべきこと**を優先順位つきで三つほど、互いに提案してPart1の締めくくりにしましょう。

中田 僕のプランは、第一に**避難住民の移住**ですね。いま原発エリアも含めていろいろな地域に被災者が分散している。仮設住宅も建てているけれど、広域で見渡せば空き住宅も少なくない。そこで、被災した市町村と、その面倒をみる離れた地域の市町村をカップリングして、それぞれの地域に集落として避難・移住してもらうべきだと考えています。

竹中 カップリングは、ある被災した町と別の町でペアを組ませて、提携関係を結ぶということですね。

中田　たとえば福島県のA市は、埼玉県のB市に面倒を見てもらう。自治体の規模が同じではダメで、A市は人口や財政規模が格段に大きいB市に受け入れてもらうというようにする。B市にある公営住宅や空き家を、政府の資金で借り上げて、そこに住んでもらう。こうして日本全体が痛みを分かちあい、協力しあう態勢をまず作る。

第二に、**大津波で壊滅的な被害を受けた地域や原発に近い地域では当面の間、瓦礫処理の問題に徹底的にエネルギーを割いていく。**瓦礫処理は、震災からもう半年経ったけれどまだ終わっていない。一斉に業者を入れ、地元の人を採用するなどして、瓦礫の処理を進めながら、インフラなどの基盤整備をしていく必要がある。

第三に、**並行して地域の主権制限を行い、住宅は高台に作っていくといった方針を決定する。**同時に、**働く場所をどうするかという問題を、専門家を集めて地域ごとの産業方針を立案していく。**そこに、「ファシリティ・マネジメント」（土地、建物、設備などのすべてを、最小のコストで最大の効果をもたらすように建設・配置・保有を行い、その後の維持・運営をしていくための総合的な管理手法）を機能させて、病院や学校はじめさまざまな公共施設を整備していく。3年くらいのうちにそこまでいく、という感じじゃないかと思います。

道州制特区で東北の被災地は生まれ変わる

竹中　私は、今回が**新しい国土政策の始まりだと考えるべき**だと思います。今後20　30年までに、地方の人口は明らかに2割減るんです。岩手県でも秋田県でも福島県でも2割減ります。すると限界集落（65歳以上の高齢者が人口の50％を超える集落）は必ずもたなくなってしまう。**これまでの国土政策は、ある場所に住んでいる人はそこに住む権利があると認める。**ある村で若者たちがどんどん都市に出ていき、過疎が進んで村がどんどん小さくなっても、その村に通じる道路を整備し、電線を敷いて電力を供給することを政策上、義務づけられてきたわけです。

中田　ダムを造って水道や農業用水を送るとか、朝昼晩の3回だけだけど自治体がバスを走らせるとか。

竹中　でも、もうそのような対応はできない。だから住民のみなさんは、集約して住んでください。たとえばみんな、仙台市に近いこの地域に移ってください。そこまでは道路も電気も水道も敷きますが、そこから先は面倒を見きれませんと、国土政策そのものが間違いなくそうなるわけです。それを東北の被災地では前倒しでやると考えればいいと思う。そのためには、従来ある地域に住み続けることができるように出していた補助金をやめて、**今後はある地域に移ることができるように補助金を出す。**そんな、**いずれ必ずやらなければならない国土政策の転換を、大震災をきっかけに前倒しにする**というのが、考え方の大きな基本の一つだろうと思います。

中田　なるほど。そうすれば、東北地方は、今後の日本が歩むべき方向性を実証する場所になる。ある意味で、最先端の国土政策を展開する地域になることができますね。

竹中　そのうえで解決していかなければならない問題が山積しているわけですが、まず東京電力の福島第一原発問題は、これは自然災害ではありませんから賠償します。おカネで賠償するしかない。ある場所に住み続けることができないという期間は、これにも賠償金を出せばよい。**ある時期までは賠償して、それ以後どこに住むかは、その人その人でまったく自由**だと私は思います。これは徹底的に自由にすればいい。たとえば、過疎で悩んでいて人口を増やしたいと考えている自治体は、努力して東北から人を呼べばいい。市町村が住宅を用意するとか農地をタダで貸すとか、そのためのインセンティブ（奨励、刺激、報奨）も出せばいい。

中田　以上は、原発で避難や移転を余儀なくされた人についてですね。

竹中　ところが、自然災害に見舞われた人は、原発被害を受けた人と同じ理屈は通らないわけです。一時的な見舞金は出すことができます。瓦礫の処理まではできるでしょう。でも、その先、「以前のような家を国や自治体が建て直してくれ」と言われても、これは私有財産の問題だから自ずと限度があります。これは基本的には自分の責任になるわけです。

とはいえ、自分の責任といっても、現実問題として職を失ったり一家の稼ぎ頭を亡くしたりして、貯金も当面の生活費に充てるのが精一杯となれば、家の建て直しなんてできません。そこでどうすればよいか。国のおカネを出して私有財産の面倒を見ることはできないけど、現実的な対策が必要だというところで、ギリギリの選択として出てくるのが**「基金」という考え方**です。私は、一刻も早く基金を作るべきだと考えています。

中田　それは、被災地の好きな場所、もともと自分が住んでいた場所に、その基金からカネを借りて自分の家を建てていい、という話ではないですよね。それについては当然、制限をかけたうえでの話でしょう。

竹中　**基金の使い方は、すべて地元の自治体に任せる。**それで高台に移住した人には基金で対応するというように、決めていけばいい。私は、**「道州制特区」を作るべきだ**

と真剣に思います。「ひがし東北州」というような道州制特区を作って、東北3県の知事3人にそのトップになってもらい、役割分担してもらう。そして、道州制特区内の基礎自治体（市町村）については、思い切った合併をする。そのための補助金は国が出す。必要な主権制限に関しては、国がオーソライズするコミッティを作り、そこで決めていく。

中田　基金は、民間や個人や海外からも、広く資金を集めるといいですね。

竹中　**基金への出資は税制優遇をする**から、民間もおカネを出してくださいとやればいい。それなりの利子補給をすれば相当集まると思います。銀行預金ではタダみたいな利子しかつかないんだから、「利子補給があるんだったら、その基金におカネを回そう」と、私だって出しますよ。そこは金融のプロフェッショナルの知恵を出しあって、大型基金を作るべきです。

中田　国土政策の大転換の前倒しだから、**この村はもう放棄しよう、復興はしない、という地域も出てくる**わけですね。

竹中　だから、それは地元が決めればいい。

中田　これも、やっぱり日頃考えていればこそ出てくる話ですね。限界集落のような集落は、どの地方にもあります。実は都市部にも同じような地域が生まれている。古い団地などでは、どんどん住民が減っています。するとバス会社が撤退してしまい、交通手段がない。だからいま、全国各地で行政がコミュニティバスを走らせている。民間では絶対にペイしないから、完全に行政の持ち出しなんです。少なからぬ自治体が、こんなことより引っ越してもらったほうが早い、と日頃思っている。でも、そうは言い出せない。それが大震災をきっかけにできるというのは、日頃考えている自治体ならばできるという話なんですね。

Part 2

非常時の地方のリーダーの仕事

告発！大問題⑪

橋下「大阪都構想」の本質にある国と地方のズブズブ関係！

竹中　Part1では、3・11が招いた複合連鎖危機という大問題に、私たちはどう立ち向うべきかを話し合いました。繰り返し話題になったのは、中央政府の司令塔不在や無為無策です。では地方政府はどうなのか。橋下《はしもと》徹・大阪府知事の果敢な挑戦が注目され、地域政党が一種のブームになっていますが、大部分の自治体は旧態依然《きゅうたいいぜん》のままですね。Part2では、**自治体の問題点は何か、地方から日本を変えていくことはできるのか、**という地方自治の大問題について議論したいと思います。

中田　「国が自分に何をしてくれるかを問うな。自分が国のために何をできるか問うてほしい」というケネディ米大統領（1961年就任、63年11月22日ダラスで暗殺）の言葉が最近よく引用されます。でも、とくに日本は太平洋戦争で国に散々ひどい目に遭わされたという戦後の観念があって、「国のために」と言われるとみんなわけがわからなくなってしまう。しかし、地方自治に関してはすんなり理解できると思うんです。

ケネディの言葉を**「地域が自分に何をしてくれるかを問うな。自分は地域のために何ができるか問うてほしい」**と読み替えればいい。目の前にあって現に自分が住んでいる地域こそがまず重要なんだと。その地域の集合体が国ですからね。これは福沢諭吉の「一身の独立なくして一国の独立なし」という言葉にも通じると思います。一身、そして地方、その自立こそが国への貢献です。

竹中　いや、おっしゃるとおりですが、**住民の多くは地域や地方に関心がない。**地方の首長や議会の選挙は、国政選挙より極端に投票率が低い。11年7月の埼玉県知事選の投票率は、1981年千葉県知事選の25・38％を更新して過去最低の24・89％でした。

中田　4人に一人しか投票しない。その過半数を制すればいいんだから、支持者は県民の8人に一人で足りる。県民8人中7人までが「あの人ではダメだ」と思っていたとしても当選してしまうんだから、こんなバカな話はないですよ。「地方自治は民主主義の学校である」というのは英国の思想家、ジェームス・プライスの言葉だけど、**参加するからこそ学びになる**わけです。参加しないのでは学びにもならないし、文句を言う資格もない。

竹中　そんな状況で、地方への関心が突出しているのは大阪ですね。

中田　僕が見ている限りでは、**橋下さんがやっていることは本質的に正しい**と思います。地域政党「大阪維新の会」を作った橋下さんは、日本の活力を高めるために「大阪都構想」を実現する、そして府と市の二重行政を徹底的に排除し、府市を併せた大阪全体の財政再建を進めるんだ、と主張している。でも、政党「減税日本」を作った名古屋市長の河村たかしさんがやっている減税一本槍は、どうも理解しにくい。

竹中 河村さんは何をしようとしているのか、よくわからない。愛知県知事の大村秀章さんはわかる。河村さんと大村さんは同じようでもちょっと違うから、今後どうするんだろうと私は思っています。それから、一見すると橋下さんを援護射撃しているように見える民主党の原口一博さんが言っていることは、全然違いますね。

中田 原口さんは、政局的な動きでしょう。

竹中 原口さんは橋下さんの主張するとおりだと言う。でも、たとえば橋下さんは「地方交付税なんか削ってしまえ。それで一度、地方はとことん困ればいいんだ」と言った。ところが原口さんは、総務大臣のとき交付税を一生懸命バラまいたほうだから、発言と実際の行動が食い違っている。

中田 私は橋下さんを応援していて、ときどき会って話をしています。大阪維新の会は、日本全国に政治のダイナミズムを見せていく非常に大きな挑戦だと思っている。橋下さんは足かけ3年間、大阪府と大阪市の二重行政の解消に悪戦苦闘してきた。最初は大阪市長の平松邦夫さんに呼びかけてやろうとしたけど、にっちもさっちもいかない。労働組合にも呼びかけたけど全然乗ってこない。さんざん議論し手立てを尽くした挙げ句、それでも変わらないのであれば、大阪市議会に手を突っ込んで議員を入れ替えるという決断しかない。これは正当な手法だと思います。

竹中　一貫する主張を手順を踏んで実行していますね。橋下さんの主張は正論だし、主張と行動が一貫しているから信頼できる。だからこそ地元の支持も根強いのだと思います。そこで私がもっとも注目するのは、**この地方の動きを、どのように国政に反映していくか**という点です。橋下さんは非常に賢明な方だから、この点についてまだ明言しておられない。この点こそ中田さんが橋下さんにアドバイスすべきだ、と私は思う。

中田　そこは、実は僕も橋下さんに「そろそろ国のことを考えなければ」と繰り返し水を向けてきました。これは国政に直接出る出ないという話ではない。正確にいえば、部分的にはその話も含まれるでしょうが、何よりも、**大阪都構想を実現するために、どう国を動かすか**という問題にもなるわけです。というのは、仮に近い将来、維新の会が大阪市長を取って市議会の過半数も制し、大阪府知事も府議会も維新の会が優勢という状況になって、大阪府と大阪市が合併決議をしたところで、**地方自治法の改正に加え、さまざまな問題をクリアしなければ、どうにもならない**わけですから。

竹中　おっしゃるとおり。**そのとき道州制をどうするかとか、大阪だけにとどまらないさまざまな問題を決めていかなければなりません。**

中田　よく橋下さんは「出たとこ勝負」というような言い方をするんですよ。その戦略や戦術の明確な青写真が、すでに彼の頭の中にはあると思うけど、それは言わない。

竹中　でも大阪で新しい改革を次々に打ち出す橋下さんが、大阪の主張を全国に広げるようなマクロのビジョンが必要だというなら、それは必ずしも橋下さんではなくて、私たちを含めたほかの人間が考えればいいんですよ。

竹原型、河村型、橋下型はここが違う

中田　いまの地方政治には、**首長と議会の協調と対立という二つの構図**があります。これまでは、僕が市長だった横浜市も含めて協調の構図しかなかったんです。議会と協調しない限り、予算案も条例案も何一つ通らないからです。「地方の首長は大統領型」とい

いますが、県や市に本当にアメリカ大統領のような強い権限があるのかといえば違う。あるのは提案権だけ。決裁するのは県議会や市議会ですから。

竹中　行政の弱さは、政府も自治体も同じですが、法律や予算案を人質に取られるという点です。ここが行政のいちばんつらいところです。

中田　だから協調型しかなかった。でも**協調の中身を見ると、首長・議会のどちらも無責任な馴《な》れ合《あ》いで財政赤字が膨れあがった**というケースが圧倒的です。９割９分の自治体がそういう体質だったといっていい。それに対して、ごく少数の心ある首長たちがやってきた改革は、首長としてというより人間として、議会に頭を下げて協調しつつ……。

竹中　ときには脅したり、すかしたり。

中田　まあ、ものごとを前に進めるためには、協調型以外になかったわけです。ところが最近は、もうそんなことを言っている場合じゃないだろうと対立型が登場し、拡大しはじめた。これには三つの類型があります。第一に、鹿児島県阿久根市の竹原信一市長（２００８年８月に初当選。市長不信任案を市議会が全会一致で可決した09年２月に市議会を解散。選挙後に再び不信任が可決され失職したが、５月の出直し市長選挙で再選。10年12月に市長解職の是非を問う住民投票で再度失職。翌月の市長選挙で落選）。第二に、名古屋市の河村たかし市長（衆議院議員を辞職し、09年4月に初当選）。第三に、大阪府の橋下徹知事（2008年1月に初当選）。対立構図には、この三つの類型があると思うんです。

竹中　なるほど。三つとも議会と対立しているけど、パターンが違う。

中田　**竹原型は「議会無視型」**。もう議会のいうことは一切聞かず、すべて専決処分でやると。これは、本来なら議会の議決・決定が必要な事柄を、首長が地方自治法の規定に基づいて、議会の議決・決定なしに自ら処理するやり方です。179条に基づく緊急の場合の専決処分と、180条に基づく議会の委任による専決処分の二つがありますが、議会と徹底的に対立しているから当然、前者でいくと。もちろん乱暴なやり方だけど、いまの日本が平和な時代の悠長な議論と先送りをできる状況ではないことを考えれば、竹原氏の「緊急の場合」という判断は冗談では済まされないリアリティがある。

竹中　阿久根市長は、議会の招集権があることを逆手にとって市議会をえんえんと招集せず、専決処分を繰り返した。鹿児島県も総務省も問題視して、阿久根市の専決処分は無効だと是正勧告を出したけれども、法的拘束力がないから無視されてしまった。

中田　**河村型は「議会否定型」**。議会はどうしようもない連中だと否定し、議会のリコールを首長が呼びかけて成立させてしまった。地方議員一人ひとりを見れば良質な議員もいます。ところが、議決機関としての議会は機能していない。とくにオール与党議会となると、各党の要求を盛り込むばかりで、どこか一つの党が嫌がることも議会としての結論にはならない。議会改革など議員の身にふりかかることとなればまったくダメ。議員報酬や定数削減なんて、全会一致で反対姿勢だし、形だけ各党案を出してポーズをとってみても「賛成少数」で否決しあうことになる。そういう意味では、良質な議員は十把《じっぱ》一絡《ひとから》げにされたくないだろうけど、議会総体を否定したというのが河村さんのやり方です。

橋下型は「議会多数派型」。議会工作で議員たちを説得し、多数派を作ろうというやり方。さっきも触れたとおり、昨日今日の議論ではなく、時間をかけても平行線をたどって前に進まないのだから、あとは選挙で判断を仰ぐという段階になった。11年4月の統一地方選で、「維新の会」は大阪府議会では過半数、大阪市議会では第一党の議席を得て多数派になりました。議論を経て多数決を求めるという民主主義の原則から言えば、いちばんまっとうなのは橋下知事のやり方だと思います。しかも橋下さんは、3人の首長のなかで就任がいちばん早い。2~3年かけて議論してきたうえで、やっているわけです。

竹中　その3類型は、たいへん的確な指摘で、非常によくわかります。大臣としての経験から申し上げると、**行政と議会との関係が決定的な大問題**です。議会は必ずしも行政担当者と同じ問題意識を持ってくれない。だから、自分のやりたいことを議会にどう認めさせるか。小泉純一郎政権は国民の圧倒的な支持を背景に、国会をなだめすかし、結局はねじ伏せた。というよりも国会以前に、自民党の主流派をねじ伏せた。地方でもそれなりの対策が必要で、それがいまの3類型に分かれるわけですね。

中田 議会対立型の登場は、ごく最近の話です。ですから類型はせいぜい三つ。世の中の人は、**首長は全権を掌握しているように思っているけど、議会が賛成しなければ何もできない**わけで、むしろ議会のほうが優位にある。逆に言えば、議会が嫌がることをやらなければ安泰です。

竹中 **地方からの改革の、どれが本物でどれが偽物か。この見分け方が大切**ですね。地方から国を変えようとする人たちについて、私が注目しているポイントが三つあります。第一に、**行政の最高責任者である彼らが自分のCPU（Communication and Policy Unit）をどのように作るか**という点です。自治体首長には公的な諮問委員会や各種審議会があるし、行政組織もシンクタンクとして使えますが、やはり自分の優れたブレーン集団が必要です。これをアメリカでは、コンピュータの頭脳のCPU（Central Processing Unit）にかけてCPUと呼ぶんです。橋下さんは、慶應大学総合政策学部教授の上山《うえやま》信一さんなどとうまくCPUを作っている。中田さんも橋下CPUのお一人だ、と私は理解していますけれども。

第二に、**行政であるからには、early small success（小さくても素早い成功）が必要**です。時期をおかず成功を見せていかないと住民はついてこない。すると長期的な支持も危うくなってしまう。橋下さんは、大阪市長や教育委員会その他と喧嘩して見せたり、一部の施設を売却したり、少しずつうまく成功を見せていると思います。

第三に、**地方の改革を国政につなぐ構想**です。この部分は中田さんもいうように、橋下さんの課題なのでしょう。一緒に改革していこうという点では反対する人は少ないと思うんですが、そこまでで止まってしまう恐れがあるんです。

議会と役人が喜ぶ首長はダメである

竹中　たとえば橋下知事は、公共事業費の地方負担問題で、国を「ぼったくりバーでもやらない」と批判した。これは、国の直轄事業で、利益を受ける地方自治体に費用の一部負担を求める直轄事業負担金制度が、内訳すら不明のまま年度途中に何百億円も寄こせと請求してくるのはおかしいというわけです。そして大阪府の平成21年度予算で、424・6億円の負担金要求に対し、9％近い38億円をカットする方針を打ち出しました。これをきっかけに全国知事会で、直轄事業制度のあり方や地方負担の軽減についての検討が始まったわけです。

ここまではいい。でも、やはり国の制度に関わってきますから、問題提起の先は、どうしてもソリューション（問題解決や要求実現のために提供されるもの）が国まかせになってしまう。それではダメなんです。**国に「これをしてください」と求めるだけではなく、「われわれはこうする。だからこうしてくれ」という必要がある。**2011年は橋下さんがそれを打ち出す段階だ、と私は思うんです。そこに期待して注目しています。

中田　橋下さんにはそのポテンシャルがあるし、突き抜けることもできるでしょう。うまくいけば、地方発で国を変えていく最初の成功例になると、僕は思います。でも、今まで成功事例はない。地方マネジメントを成功させたケースはあっても、国レベルまで高めた事例はないんです。

僕自身も横浜市で改革を進めるためには協調型をやらざるを得なかった。いま考えれば、中途半端な協調型だったから、むしろ批判ばかりだった。だって、完全協調型になったら魂売って行政やることになっちゃいますから。いま横浜市の公務員は「ああ、中田がいなくなってせいせいした」と思っていますよ。職員満足度調査で満足度が上がっていますから（笑）。基本的に、**職員満足度の向上は、住民満足度とトレードオフの関係**です。

竹中　霞が関官僚が大満足で、国民が幸せなはずがない。

中田　いま横浜市職員は大満足。市議会議員の大半もやれやれとホッとしている。中田に文句を言えなくなって寂しがっている議員もいるかもしれませんが。僕は国を変えていく部分は突き抜けられなかったし、反省点がいっぱいある。early small successを積み重ねていこうと、僕も口を酸っぱくして言ったんです。市の仕事を各区役所に分権して、毎日は無理でも1週間後とか1カ月後に区役所に来てみたら「ああ、変わったな」と思わせようとね。抜本的な改革には時間がかかるから「いま、やっています」と言わざるを得ないけど、その言葉を信用してもらうには、目に見える日常の変化が必要だと言い続け、それを実行するように心がけました。働いている人が区役所で手続きできるように、市民生活に密着する区役所業務を土曜日にやるようにしたなどもそうでした。

しかし、地方行政もやっぱり本質的には政治、しかも国よりさらに密室的な政治です。良くも悪くもメディアで知る機会も少ない。多勢に無勢ということもあって、悪口合戦はじめ地方政治のあくどいやり方をさんざん経験しました。橋下さんには、そこは突き抜けてもらいたいと思います。

竹中　**「改革者は皆不幸である」**というゴルバチョフの有名な言葉があります。**改革すると必ず反対される。成功すると、みんな当たり前みたいに言う。**結局、横浜市職員も霞が関官僚も改革者がいなくなって大満足。中央省庁の官僚たちは「霞が関は成長産業だ」と言っている。民主党の政治主導や脱官僚は口先だけで、官僚たちのやりたい放題ですからね。私は、ゴルバチョフの言葉にとても共感します。中田さんも私も不幸だと（笑）。

私は6年間国政に関与しましたが、実現した仕事は、公共事業を減らしつつ経済成長を軌道に乗せたこと、不良債権処理、郵政民営化の三つくらい。問題が多岐にわたるから大仕事は2年に一つくらいしかできないんです。教育改革も社会保障改革も公務員改革もできなかった。だから改革が足りないという評価は、そのとおり。甘んじて受けて、力が及ばなかったことを認めます。しかし、**改革をやったから日本がダメになったという評価は、まったく事実誤認でけしからん**と思いますよ。

中田　**せっかく改革をやっても、また元に戻されてしまう。**竹中さんですらそうですし、地方においては毎度のパターンです。横浜市議会でも、ポスト中田は、自公民相乗り候補擁立《ようりつ》でオール与党体制を再構築して元に戻すという流れでした。だから、私の後任を選ぶ市長選挙を衆院総選挙に合わせるタイミングで私は辞任しました。総選挙と同日選なら、自民と民主が絶対に手を組むことができないですから。**任務は全《まっと》うしましたが、意図的に任期は全うしなかった。**これを理解してくれたのは竹中さんだけでした。

告発！大問題⑫ 「公共サービスは行政がやる」は大間違いである！

中田　「『公共』と呼ばれる物事は、すべて行政がやるものだ」と、みんな思っている。日本人は国と地方自治体に対して、そう思っていますね。僕は、この考え方を固定観念として持ちすぎていることが大問題だと思います。**政治家は「公共サービス＝行政サービスではないのだ」と、はっきり言わなければならない。**僕もそう言うのに最初だけちょっと勇気が必要だったけど、一度言ってしまえば人間、楽になる。公共サービス＝行政サービスではないし、公共サービス＝公的管理ではないんだ、とね。

小泉改革の一環として２００３年の秋、公的施設の管理・運営を地方公共団体や外郭団体に限定せず、株式会社など営利企業・財団法人・ＮＰＯ法人などに代行させることができる「指定管理者制度」ができた。そこで役所が血眼《ちまなこ》になったのは、何について指定管理者制度を適用し、何に適用しないかという仕分けです。当時、指定管理者制度を適用しないものをいかに多くし、そのための理由づけをするかということに、役所はものすごく時間とエネルギーを割いた。

竹中　よい制度を作っても、抵抗勢力は運用段階で必ずそうする。魂を入れなければいけないところで骨抜きにしてしまう。**それを跳ね返すのがリーダーの仕事**です。

中田　僕は横浜市長のとき「指定管理者制度を例外なくすべてに適用する」という方針を打ち出した。ところが、美術館はどうするのか。美術館は長期的展望に基づいて所蔵品の買い付けをしなければならない。これは民間の営利団体には無理だ。そんな話をえんえんやって指定管理者制度から外そうとする。でも、これまでの公的管理だって実は公務員がやっていたわけではないんです。第三セクターや半ば天下り先の外郭団体など、いわば民間が管理してきた。そういう組織は、やっぱり一日《いちじつ》の長《ちょう》で蓄積したノウハウがあるから、自由競争でもアドバンテージが大きい。だから一方的に従来の組織を排除することが目的ではないのだから、「頑張れば契約を取れるはずだ」と〝激励〟した上で例外なく公募するようにしたんです。

いま申し上げたのは、地方自治体と外郭団体の話ですが、この思考回路は、国と自治体の関係についても当てはまる。国は、カネを渡して地方自治体だけにやらせるのではなくて、ほかの機関にやらせることもありうるわけだし、渡すカネを減らす代わりに自由度の高い運営にしていいという方向に転換できる。これまた今回の大震災が大きなチャンスですね。

竹中　力学的にいえば、抵抗勢力はつねに悪意を持って対抗しますから、せっかくの機会だから改善しようという方向性は普通は出てこない。**それをやらせるのは、世論を巻き込んだリーダーシップの力**なんだと思います。指定管理者制度は千葉ロッテ球団の例がわかりやすい。千葉のマリンスタジアムは県の所有でも、運営権をロッテ球団に渡している。すると、いつもライトをつけておくことができるし、売店でグッズ販売もできる。

中田　バス停というと、丸い看板の下に時刻表がついているタイプを思い浮かべる人が多いでしょうけど、最近は全国に屋根付きで広告スペースのあるものが増えていますね。あれを日本で最初に本格導入したのは横浜市なんです。横浜市営バスのバス停は、それまで横浜市交通局が管理していました。

竹中　公共バスだから、そのバス停管理は当然行政の仕事だと、誰も疑わない。

中田　一カ所200万円弱で設置して、その後のメンテナンス代すべて横浜市だったんです。これを民間に任せ、広告も出してもらって収入を上げよう、と僕は考えた。世界的には普通のことですからね。最初は国土交通省が反対しましたが、結局は折れて実現させました。横浜市は、設置費用なし、落書きされても蛍光灯が切れてもメンテナンス代はなし、さらに固定資産税に加えて道路使用の占用料まで得られることになった。これはもう雲泥《うんでい》の差です。支出がなくなっただけではなく、料金収入まで入るようになったわけです。バスの利用者は、屋根と風よけ付きのバス停を使えるようになった。バス停は、2005年にグッドデザイン賞を受賞したから、街の景観向上にも寄与できました。

竹中　誰一人文句はない。みんなが得をするいい取り組みでしたね。

中田　それでも文句を言われました（笑）。**公共の道路に下品な広告が溢れたらどうするのかと。でも、民間事業者は下品な広告を入れて、自分たちの広告媒体の価値を落とすようなことはやらないわけです。**さっき、千葉マリンスタジアムの話が出ましたが、横浜ではネーミングライツ（命名権）を売って「横浜国際総合競技場」を「日産スタジアム」として、当時年8億円の運営費をゼロにしたんです。建てちゃったはいいけど、Jリーグの試合やコンサートをいくらやっても収入は3億円ほどで、毎年5億円の赤字になってしまう。それは「公共サービス＝行政の仕事」だから「赤字」とは言わないというのが、これまでの考え方。これに対して、日産に4億7000万円で年間ネーミングライツを買ってもらい、残り3000万円は徹底して切り詰めて、日本最大の公営スタジアムの運営費をゼロにしたんです。

「使う」のではなく、「稼ぐ」マインドを公務員にもたせよ

中田　「『公共』と呼ばれる物事は、すべて行政がやるものだ」という発想は、公共財産は行政が持っていればよく、それを活用して収入を得る必要などないという考え方に直結している。でも、地方自治体はさまざまな公共財産を持っていて、たとえば役所の壁だって資産じゃないですか。だったら壁面スペースを広告として貸し出して収入を得れば、行政コストの削減になり、結局は税金を減らすことにもなる。横浜市では図書館の貸し出し伝票から市役所の玄関マットに至るまで広告スペースとして活用するようになりました。国

や各自治体が視察に来て、その流れはいま全国各地に広がっていますけど、必ず出てくるのが「役所が民間企業のセールスに協力するのはいかがなものか」という議論です。

竹中　**根底にあるのは、前例がない新しいことは面倒だからやりたくないという考え方。**でも、そう言ってしまうと身も蓋もないから、**役所が営利企業に荷担するのかという議論を盾にする。**カネ儲け仕事じゃないんだという〝官〟の意識が、公僕としての使命感に結びつけばいいけど、傲慢《ごうまん》なお上意識に結びついている。

中田　どの役所や役場でも「暮らしの便利帳」みたいな冊子を毎年配るでしょう。あれを「情報は全部出すから作ってほしい。広告を入れてその収入はそちらで取って結構です」という形で事業者を公募しました。結局はサンケイリビング新聞社に決まりましたが、これでコストゼロにしたんです。これに対しても「行政がセールスの片棒をかつぐのか」という声が強かった。行政がセールスをしているわけではないことくらい誰だってわかるし、ページの片隅に「広告」とか「PR」って必ず書いておけばいいだけの話が、一向に進まない。**経営をして自分たちの実入りをどうやって増やすかという発想が地方自治体にない。**これは大問題です。

竹中　住民にも「今年の便利帳は広告ページが多い。税金を払っているのにどういうわけだ」と思う人がいるはずですね。そこは「この手法でコストをいくら削減した。浮いたコストは、これこれの事業に充てる」と、便利帳の冒頭で説明すればいい。広告を入れて浮かせたコストが公務員給与に回るんだったら、文句を言われて当然だから。

中田　僕が広告に目を着けたのは**職員の意識改革を狙ったんです。そもそも公務員は頭を下げて自分たちで営業した経験がない。**だから、どれだけ儲かるかより、まずはカネを稼ぐマインドを公務員に持たせよう、**税金という強制力のある実入りと違って、営業してお金を稼ぐというのは大変だということに気づいてもらいたかった。**そうでないと**使うことだけに熱心で、倹約していくマインドが育たない。**逆に、やればできるということにも気づいてもらおうと思った。横浜で関東広域の防災訓練があったときもパンフレットにローソンの広告を載せ、炊き出しのおにぎりもローソンから提供してもらった。当時首相だった小泉さんが訓練に見えて「これ、いいなあ」と言った。その後、国が視察に来て、国も広告を入れるようになったんです。

告発!大問題⑬ 地方財政は、わかりにくくて関心をもたせない仕組みになっている!

竹中　地方選挙の投票率がパッとせず、住民の関心が地方自治に向かない理由の一つは、**地方自治の仕組み、とりわけ地方財政の仕組みが非常に複雑**だからです。私自身、経済政策を30年勉強してきたつもりだったけど、総務大臣になって初めて「ああ、こういうことだったのか」と理解できたことがたくさんありました。地方財政の仕組みはそれくらい難しい。**難しくすることで国民の声を封じている**ともいえます。民主主義社会における複雑な制度は、そのことだけで悪い制度というべきでしょう。

中田　横浜市で体験したから僕もよくわかります。読者にわかってもらうために、どの例を挙げればいいかな。

竹中　たとえば、よく「小泉内閣は地方切り捨てだ」と言われる。「なぜならば、地方交付税交付金が減ったからだ」と説明されると、みんな、なるほどそうかとうなずくわけです。実際、小泉内閣では地方に配分される地方交付税が減りました。01年から06年まで、

20・3兆円、19・5兆円、18・1兆円、16・9兆円、16・9兆円、15・9兆円です。でも、なぜ減ったかといえば、切り捨てたからじゃない。

地方財政の仕組みは、まず総務省の「地方財政計画」で各市町村ごとに必要な「基準財政需要額」を見積もります。そこに地方税が入ってきて、さらに地方に対する補助金がある。この地方税と補助金を充ててなお基準財政需要額に足りない差額を地方交付税によって埋めるわけです。そして、小泉内閣は基準財政需要額を減らしてはいません。それは横ばいのまま不良債権の処理や規制緩和などの改革を進め、景気がぐんと上向いた。だから地方税の収入が増えた。その結果、差額を渡す交付税が減った。当たり前なんです。

中田　**税収が増えれば、ある意味で自動的に、地方交付税が減るのは、もともとのルール。**

竹中　自動的にね。これはそんな難しい話ではないけど、それでも一般の人はほとんどわかっていないでしょう。しかも**メディアも全然わかっていないから、「交付税が減って地方が切り捨てられる」と情緒的な話をして、国民をミスリードしてしまう。**

中田　いま僕が、横浜の具体例を挙げるのにちょっと躊躇《ちゆうちよ》したのは、たとえば一言で「横浜市の借金」といっても、厳密に何を指すのかはっきりしないからです。市の借金が膨大なものだとは、市民も市の職員もわかっている。では、その額はいくらなのか。僕が市長になったときは、1兆9380億円というのが公式の数字でした。これは、いわゆる一般会計の借金、つまり一般会計における市債残高の借金を指しているわけです。

ところが、一般会計以外に、企業会計や特別会計の借金があるんです。それが当時、まったく論じられていなかった。企業会計は市営病院や市営バスの会計などです。特別会計は、埋立地のみなとみらい21や健康保険などです。いずれも膨大な赤字が積み上がっていたんだけど1兆9380億円には含まれず、さらには外郭団体への債務保証や繰入金などの隠れ借金なども誰も触れず、一体**〝膨大な借金〟自体、総額いくらかもはっきりわからなかった**わけです。そもそもあえて議論の対象にしてこなかったと言ってもいい。

竹中　国の特別会計も同じ。**わざわざ別会計にして複雑怪奇な仕組みにすることで、実態がわからないようになっている。**小泉内閣の財務大臣だった塩川正十郎《まさじゅうろう》さんは「母屋でおかゆをすすっているときに、離れですき焼きを食べている」と名言を残しました。

中田　僕は非常に不思議に思って、「横浜の市営地下鉄が公営企業として5000億円の市債を出している。これは借金だけど本当に返せるの?」と、担当者に聞いた。ところが驚くべきことに、**返せるかどうかという計算を誰一人していなかった。**質問の答えは「運賃で返します」という一言。**運賃で返すのだから、市民の借金ではないという考え方**なんです。ならばと、5000億円の市債を30年で償還するには運賃をいくらにする必要があるか、シミュレーションしてみると、初乗り運賃が1000円を超えてしまいました（笑）。

竹中　一駅乗るのに1000円かかる地下鉄。タクシーより断然高い（笑）。

中田　それを30年走らせて5000億円返済できるというのは、「できない」というのと同じです。「運賃で返すから市民の借金ではない」という論理は完全に破綻しているわけです。そこで、人員を削減し合理化を徹底的に進めて、私鉄と同じ経営効率にしたときに返せる額を計算した。これが3500億円と出た。残りの1500億円は、福島第一原発の賠償金を国民が負担するしかないという話と同じで、横浜市民が返すしかないんです。だから市が税金で面倒を見ることにした。

結局、横浜の市営地下鉄は25年ぶりに黒字となり、3500億円を返すために、いまも日々走り続けているわけです。こんな会計のからくりは、国と同様に地方でもわからない。国ほどちゃんと説明されていないし、**国ほどメディアが注目しないから、むしろ国以**

上の伏魔殿《ふくまでん》です。

地方議会の議員はもっと少なくてよい

竹中　私は総務大臣のとき、地方分権を進め、交付税の根本的な組み換えや道州制の導入などを考えるために、地方のあり方についての懇談会をやりました。そのとき、みんなものすごく関心が低いので、驚かされたことがあります。

中田　みんなって誰のことですか?

竹中　地方の住民です。**地方の仕組みが、人びとを関与させないように、見事なまでに複雑になっているから理解できない。だから関心もない。**つまり地方とは何か、という問題です。国から見たときの地方、政策論で語られる地方とは、地方の首長のことです。大震災後に民主党の政治家が「地方は知恵を出せ」「立派なことは言うけど泥はかぶらない」などと言ったのも首長を指している。ところが、**地方の実体は地方の住民**なんです。

たとえば地方の首長が「もっと交付税交付金を増額し、補助金もつけてほしい」と言っても、その地方の住民は別にそんなことを考えていない。市役所の職員だって、ぜいたくしているじゃないか。国家公務員も地方公務員も同じ穴のムジナだ。地方分権というのはムジナ同士の縄張り争いなんだ。そのくらいにしか見ていない。

中田　税金がいったん国に入ってから配分されるから、住民が直接、市役所や町役場に払っている感覚がない。だからチェックも行き届かないし、関心もないと。おっしゃるとおりで、地方財政の仕組みはわかりにくい。問題は、地方自治体で地方財政の全体を見て説明できるのが、首長しかいないことです。

なぜ地方財政がダメになるかというと、**みんな要求しかしないから。**国に対して地方が要求ばかりしているのと同じで、地方自治体に対しても要求しかしない。**その最たるものが議員です。**地方議会では一つの党が過半数を握ることはまずないから、みんなで首長候補を担ぎ出し与党になろうとする。その結果、**自民も民主も公明も与党で、市長や知事に対して要求する一方となる。地方議員たちは、財政全体に対する責任をまったく負っておらず、先のことなど考えなくてもいい。市長や知事にかかってくるのは歳出圧力ばかりで、みんなの神輿《みこし》に乗って当選した手前、無視できないわけです。**

竹中　地方も国も同じで、それがまさに連立の怖さ。A党とB党の連立政府は、当然どちらの要求も満たそうと思う。ところがA党がある要求を出すと、うちはこうだとB党も要求を出す。この繰り返しで、政府は必ず大きくなってしまう。与野党相乗り候補が首長になれば全党連立と同じですから、地方自治体も必ず膨張する。だから、**政治的な対立が必要**なんです。反対する人がいる状況は、民主主義が健全だということです。地方議会は政党色を消してオール与党になっているところが多く、大阪市はその典型でしょう。

中田　市長としての経験から断言しますけど、市の財政状況、とくに借金がどれだけあるか、義務的経費比率（人件費・公債費・扶助費など）や経常収支比率が何％か、ぱっと答えられない議員はいっぱいいます。しかも議員というのは、これは国会も同じですが、細分化された委員会に入って活動するから、自治体の財政全体の中で優先順位を見た議論になっていない。全体を見ているのは、よほど責任を持った首長だけでしょう。だから僕は、**地方議会の議員数はもっと少なくていい**と思います。働いてない議員が多すぎるという感情論ではなく、**人数をある程度絞らないと責任感が生まれないし、よい仕事ができない**。役員が100人いる取締役会なんて話がまとまらないでしょう。大阪府や横浜市の議会は、100人の取締役会をやっているようなものですよ。

告発！大問題14　努力しない自治体ほど交付金や補助金をたくさんもらえる！

竹中　地方の制度は見事なまでに複雑怪奇にできていて、非常に日本的です。**国と地方が互いにもたれあい、微妙なバランスを保ちながら、国と地方どちらの公務員も楽ができる仕組み**になっている。だから、地方の改革はものすごく厳しい。自由にすると同時に責任を持たせる改革ですからね。**自立するより、もたれあうほうが楽に決まっているから、地方の首長と議会が猛烈に反対する**わけです。

中田　さきほど自治体には公共財産から収入を得ようという発想がないと話しましたが、その理由の一つは、国が管理する枠組みがきっちり決まっていて、地方はそのなかのマネジメントしかできないからです。

もう一つは、うまく稼ぐことができても、自治体はあまり得をしない仕組みだからですね。地方の税源をどんどん増やそうと苦労して企業を誘致し、税収を上げることができても、その分の地方交付税交付金が減るんだから、とくにプラスにはならない。インセンティブがないから、モチベーションが上がらない。そんな面倒くさいことをするより、国にもたれて交付税や補助金をもらっていても何とかなるという話になってしまう。つまり**現在は、努力しない自治体ほど交付金や補助金を多くもらえる。この仕組みが山ほどある**のが大問題です。

竹中　怠け者がいちばん得をする国と地方のもたれあい制度をなんとかしなければ、どうにもならない。

中田　ゴミ問題もそうです。横浜はゴミを思い切って減らし、七つあった焼却炉を四つにした。するとゴミ焼却炉の運営費、人件費、維持管理費などを年50億円以上削減できた。ところが国の補助金メニューには、焼却炉建設はあっても、焼却炉撤廃というインセンティブはない。ゴミ焼却炉を増やした自治体には補助金が出るが、減らした自治体には何もない。当然、無理に減らす努力はやめて国のカネをもらっていれば楽だし、国の言うとおりにやっているという安心感がある。

竹中　国民健康保険も、医療費を多く使ったほうが、国からの交付金が多くなる。

中田　国保は、被保険者が保険料を払い、それに市町村が税金から上乗せし、さらに国からおカネが出ます。国の負担金は医療費をどれだけ使ったかで決まるんです。薬をバンバン出し、患者をなるべく入院させて、医療費を使えば使うほど交付金がもらえるから、誰も減らす努力をしない。大阪市と横浜市を比べると、一人あたりの医療費は大阪市のほうがはるかに高い。だから大阪市にたくさんの交付金が出て、横浜市は少ない。**その結果、病院通いの多い大阪市の保険料が安くて、健康な人の多い横浜市の保険料が高くなってしまうんです。**これは、ひどい話ですよ。

竹中　大阪市の住民に聞いても「そりゃ、おかしい」というでしょうね。

中田　この現実も、みんな知らないんじゃないですか。保険料は自分の問題で、自分や家族の健康という大切な問題と関係があるのに、誰も自分のこととして実感していない。統計を見れば、地方の財政状況は一目で比較できる。47都道府県や政令指定都市の財政ランキングは、ネットでも簡単に調べられます。上位と下位とではものすごく差がついているんだけど、あれはまったく競争という概念とは違う。住民が引っ越すという「足で選ぶ民主主義」は市民はおいそれとはできないから、地方の公務員たちは、よその市よりいいとか悪いとかっていうことを、本気で気にしていません。

竹中　財政ランキングによって給料が変動する仕組みになっていたら、きっと何とかしようとするでしょうけどね。**自治体にインセンティブをどう与えるか**は、これは大問題。

中田　僕が一つ意外だったのは、横浜市が先陣を切って大いに変わっていけば、ほかの政令指定都市も「じゃあ、うちもやってみるか」ともっとマネするかなと思ったら、全然マネしないいんですね。「地域事情が違う」「地方自治とはそれぞれの特性に応じて」とかって理屈になる。横浜市でやったことをほかの市がそっくりマネするのは猿マネだけど、**それぞれの地域にアレンジして活かすから社会は進歩する**と思うのだけど。

竹中　自治体が頑張れば頑張るほど交付税が減らされて結局ゼロサムでは、やっぱりみんなやらないですよ。この点はどの自治体も、非常に合理的な経済行動をとっているともいえる。この問題をどうすればよいかを考えていくと、ちょっと八方ふさがりという感じもするけど、やはり基本は**自治体の破綻法制を整備する**ことと、**国から地方に税源を移譲する**ことだと思いますよ。

中田　僕は職員に労働三権を全部与えてもいいから、本当の意味で**首長が自分の自治体をマネジメントできるようにする**必要があると思います。法人会や商工会議所の講演で僕はよく質問するんです。「社員の採用ができない。社員のクビを切ることもできない。社員の給料の上げ下げもできない。そんな社長に、会社をマネジメントすることができると思いますか？」と。中小企業の社長さんたちは、「絶対できない」と答える。そこで

「でも、それが市長なんです。**採用は試験で決まり、職員のクビは法律の壁があり、給料は人事委員会が算定するんです**」と話すんですけどね。僕はここを改めないとダメだと思う。

竹中　あとは**複雑な交付税の制度を改め、もっとシンプルな新交付税にする。**人口や面積を基準に最低限の交付は行うが、それ以上については自治体同士の競争原理を働かせて、頑張っている自治体にちゃんとカネが回るようにしなければ。

中田　ただ、**自治体同士を競争させると同時に、自治体内における競争原理を働かせる仕組みを作らないと、競争に向けて努力する職員の集団にならない**ですよ。

竹中　だから自治体の外と内、両方の競争原理が働くようにしていく。そういう方向は、すでに見えている、と私は思うんです。

自由がなく、責任がないことをエンジョイしている地方自治体を許すな

竹中　地方財政といえば、総務大臣のとき私は、横浜市長だった中田さんにものすごく助けてもらった。これも国と地方のもたれ合いを象徴する事例だから話しておきましょう。

A市とB市とC市が市債を出して借金をするとき、当然のことながら、財政状態のよしあしによって金利条件は違うはずですね。ところが、地方自治体が地方債を出すときは「統一条件交渉」ということをして、どの市も同じ条件で出す。これには、私を含めて普通はびっくりするわけです。たとえばパナソニックとシャープと東芝が社債を出すとき条件は違って当たり前。それを全部プールして統一条件を決め、電機業界として社債を出すのと一緒ですからね。これは「談合」です。**地方自治体は長年、総務省主導の談合をやっていた**わけです。

中田　企業がそんなことをやれば、「業績が低迷するあの会社と、なぜ同じ金利なんだ」と株主が怒り出しますよね。談合した担当者は背任で訴えられるかもしれない。それが堂々とまかり通っていたのを、竹中大臣がやめさせた。

竹中　私が「変えろ」と言い続けて半年間かかりました。担当者が、まあへんちくりんな理屈を持ってきて抵抗するんです。「地方債は国の財政制度の中で出している。国の財政は一つだから、どこも同じ条件でいいんです」とかね。私は最後は公正取引委員会に「これは談合だ」と言ってもらおうか、というところまで考えました。そのとき自治体の首長ではっきり言ってただ一人「それは当然のことだ」と言ってくれたのが中田市長だった。

指定都市市長会の中田さんの発言から半年後に、ようやく実現したわけです。

中田　あれは私のほうが助けられました。僕が竹中さんにいちばん感謝しているのは、まさにこの市債の件です。横浜市民は、これはほかの自治体の住民も同じですが、高い金利の自治体に合わせてカネを借りていたなんて誰一人知らなかった。それを是正してくれたわけですから。

竹中　これを経済的に解説すると、「地方債は財政的な手段か、金融的な手段か」という問題なんです。国の財政という枠組みから出なければ、国の財布は一つであり、そのおカネの貸し借りの条件は統一されていなければならない、という考え方が成り立つ。でも、地方債にその考え方をあてはめるのはおかしい。これは金融でマーケットが引き受けるんだから、おカネを貸す側のチェックが入るんです。チェックというのは、市場の見方によって格付けが異なり、金利の差も出てくること。その**マーケットの評価がプレッシャーになって、借金を有効に使おうとか、ちゃんと期日までに返そうと努力する**わけです。

中田　なぜか、いちばん肝心なその評価のところを、とっぱらってしまう。

竹中　インセンティブの部分を、全部とってしまう。極端にいえば、経営破綻した夕張市みたいなところと、そうではない市が同じ条件でカネを借りるというバカげたことが、白昼堂々とおこなわれていた。結局、地方自治体は「なにからなにまで国に縛られて、自由がない」と文句をいうけど、実は**自由がないことは責任がないとイコールだから、その責任のなさをエンジョイしている。**そんなもたれ合いが、ダラダラと続いてきているると思います。

地方自治体も「格付」を取れ

中田　地方自治体は、国の監視というか、国が地方自治体の面倒をちゃんと見るということを大前提として、自分を高める努力を何一つしてこなかった。僕は**「国の監視よりマーケットの監視が必要だ」**と主張しました。両方必要だと思いますが、実際には国の監視はまったく機能していなかった。国がしっかり監視していたら夕張市は破綻しなかったはずです。

もう一つ、僕は**「横浜市は格付けを取りたい」**とも言った。これも総務省は、地方自治体に差などありえない、と反対でした。僕が指定都市市長会で竹中さんに「やっていいですね」と申し上げたら、**総務省官僚が居並ぶなか竹中さんが「大いにやってください」とおっしゃってくれた。それで横浜市は単独で格付けの取得に踏み切った。**

最近では、米国債の格付下げ問題で、オバマ大統領が格付け機関を批判するというようなこともありましたが、自ら進んで格付けを取得するということ（依頼格付け）は、金融機関などに対してすべての財政状況と財政運営のプランを明らかにして、そのプランが実行されているかどうかチェックされることになります。１００％情報公開をしていなければ取得できないし、トップが方針をしっかり語ることができなければならない。**結果、横浜市の格付けは「ＡＡ－《ダブルエーマイナス》」というもので、当時の日本国債とまったく同じでした。理論上、これ以上は望めない最高位の格付けです。**要は、国が破綻しない限り横浜市も大丈夫だろうという評価を得たわけです。

竹中　格付けは、サブプライムローン問題ではいい加減なケースもあったけど、「あれはいい」「これはよくない」というマーケットの声であり評価です。評価が低いときは高い金利を課すことで、ちゃんと努力しましょうとインセンティブを与える。ところが、ほとんどの自治体が、インセンティブを拒否したわけです。つくづく私は、**地方自治体の首長たちは地方分権に反対なのだ**と思い知りました。総務大臣の1年間は、中田さんとご一緒して、いろいろな改革をやり、地方自治のトレンドをかなり変えることができました。横浜市民も日本国民も、ほとんど誰も知らないでしょうけど。

告発！大問題15 〝官〟にぶらさがって生きる職員と商売人が多すぎる！

中田　夕張市が「財政再建団体」の指定を国に申請する方針を表明したのは2006年6月でした。財政再建団体への転落は企業倒産や個人破産と同じで事実上の経営破綻です。このときは地方財政再建促進特別措置法しかなく、いわばレッドカードで一発退場となった。その1年後、自治体の実質赤字比率、連結実質赤字比率、実質公債費比率、将来負担比率の四つの指標が基準を超えた場合に財政健全化団体や財政再生団体に指定するという地方財政健全化法（地方公共団体の財政の健全化に関する法律）ができました。

竹中　本体だけでなく公的企業も含めた連結で見ていく必要がある。レッドカードの前にイエローカードを出して、ちゃんとしたシグナルを出していこうということです。連結システムの必要性については、横浜市が先鞭《せんべん》をつけてくれましたね。

中田　健全化法で初めて、自治体の将来を見る際の指標が示された。地方をちゃんと見ていなかった国が、これだけは見ましょうと位置づけたわけです。でも、国が示した基準に沿って情報が開示されても、そこから先「自治体の財政をもっとよくしましょう」というところには、なかなか行かない。そこはまだ不十分で、結局**すべてをマーケットにさらさなければ難しい**んじゃないかと思います。

僕が市長に就任したときに気付いたのは、「地方行政の運営」と言うけど「地方行政の経営」とは言わないということ。僕は、運営という言い方に違和感を持った。だから最初の議会のときに「今後は都市経営をします」と宣言したんです。市議会の議員たちからは「なんで経営なんだ。ここは企業じゃないぞ」と、すぐに野次が飛んできました。彼らにあるのは「経営はカネ儲けをすること。分け前をどうやって配分するかは運営で、行政は運営だけをやるものだ」という思考回路だったんでしょう。

竹中　別の言い方をしますと、**政府というのは国も地方も、ある意味で〝無限〟の資産を持っている。**それは**課税権という資産**です。法的に見て課税は未来永劫《えいごう》続けられるから、無限の資産を持っていることになるでしょう。それを前提にするから、カネ儲け、つまり経営する必要はない。資産の分配だけに気を配ればよく、だから「運営」なんです。

国や自治体はそう思っているわけだけど、現実問題として国民や住民に無限の負担を求めることはありえない。将来の課税権が約束されているといっても、仮に所得税率90％になれば、みんな海外に逃げていってしまう。これは行政の運営が、マーケットの声とうまくバランスできないわけです。これに対して**マーケットの声とうまくバランスするように行政を動かしていくのが「経営」**です。企業経営と言うが、企業運営とは言わない。PTA運営と言うが、PTA経営とは言わない。カネを儲ける営利組織は経営で、儲けない非営利組織は運営だというのが常識的な理解ですが、分析していくと発想がまったく異なっていることがわかるでしょう。

中田　なるほど。先ほど市営地下鉄の市債5000億円の話をしましたが、横浜市には経営と呼べないどころか、運営とすらいえないと思うひどいケースがまだあります。**故意に隠していたとしか思えない隠れ借金みたいなものが、いっぱいあったわけです。**

僕がいちばん驚いたのは、横浜市の道路建設事業団。道路建設は金権政治やゼネコン汚職でしばしば問題になって、マスコミの注目度も高いから、当然オープンになっているはずだと思ったら違った。何と金融機関からカネを借りて道路を造っている。これはやってはならない地方財政上のヤミ起債です。長期的インフラの道路を造るときは市債を発行し、借金を平準化した形で返していく必要がある。箱ものを造りすぎという問題以前に、少なくともそのスキームでやらなければいけない。それが高い金利で借金して道路を造り、返済できなくなっていた。財団を取りつぶして、借金は市税で返すしかなかった。

竹中　その話で大変重要なポイントは、**銀行はなぜ貸すか**という問題です。借金して道路を造って大儲けできるなら、企業はみんな道路を造るはずですね。でも儲からないし借金も返せないから、民間企業は道路を造らない。それは国や自治体や以上に準じた公団の仕事になっている。だから銀行は道路を造る企業への貸し付けは断ります。それなのに横浜市の道路事業団に対して、なぜマーケットの計算からは返済を期待できない非効率な貸し付けをするのか。**銀行は、最後は必ず親方日の丸が面倒見てくれるはずで、貸し倒れにならないと判断しているからですね。**

中田　事業の採算性など無視して、相手が役所関係だという一点で貸し出した。

竹中　カネ貸し商売は、そんなことでいいのかという問題。庶民からほとんど利子もつけずに集めたカネを、採算が取れるはずのない道路建設に高い金利で貸し出し、当然立ちゆかなくなったとき、市民の税金から元金と利子を取り戻す。これは明らかに金融機関のモラルハザードです。**そんなデタラメな銀行の存在を許してはいけないい**んです。だから、自治体職員たちもいい加減だけど、銀行もいい加減。日本は、**広い意味での〝官〟にぶら下がって生きている職員と、〝官〟にぶら下がって商売する人びとのネットワークが、古くからあってものすごく強い。**

中田　それがすべての改革の抵抗勢力になっていく。

竹中　日本にはトヨタ、ホンダ、パナソニック、ソニーといった世界に名の知れた巨大企業がいくつもあります。ところが、一人あたりGDPは世界で20番目。なぜなのか。これは**ちゃんと働かずに低生産性のまま高い給料だけぶんどっている人が、たくさんいるから**です。ようするに、ぶら下がって生きている人たちがすごく多い。国の特別会計のまわりにも地方財政のまわりにも、いまでもたくさんぶら下がっているんです。

告発！大問題16
日本国のバランスシートは米国よりも大きかった！

中田　結局、経営をせず運営しかしない自治体は、**予算の単年度主義で1年ごとのフローしか見ていない。だから中期的な財政の展望がまったくない。国もそれを求め**

ず地方に展望なんかいらないという話だったから、市長でも知事でも自分の代のうちに住民が大喜びすることをどんどんやっちまえという状態です。中期的な財政展望といっても、国の経済予測をベースにするから外れることがある。そもそも国自体が単年度主義の場当たり予算を組み、地方は毎年、霞が関から国の予算情報をかき集めて自分たちの予算を組むのだから大変。そうは言っても、**5年先くらいまでだいたいどんな推移になっていくかを予想しておく**ことはとても重要です。

たとえば5年間で市職員の退職金がいくら発生するか、市民の医療費はどれくらい膨らむか、高齢者が増えて福祉にどれだけカネがかかるのかと、簡単にシミュレーションできる。でも、ほとんどの自治体は一切やったことがない。それをやって初めて、職員採用はちょっと控えようとか、公共事業を毎年5％ずつ減らしていこうとかいう方針が出せる。さらには、外郭団体等の隠れ借金に対して毎年1000億円の市税投入で返済していこうというような決断もする。「入《い》るを量《はか》りて出《い》ずるを為す（制す）」ということに尽きるわけですが、一つ一つ具体的になると、文句を言われ罵倒されて嫌がらせを受けながらやるわけです。こうして横浜市のプライマリーバランスを4年で黒字にしたんです。

竹中　横浜市の例から地方自治体が抱えている二つの問題を指摘できます。一つは、**中**

期的に物事を考えるという経済リテラシーが欠けていること。もう一つは、**バランスシート（貸借対照表）の視点が欠けている**ことです。とくにバランスシートは、国レベルでもほとんど関心が払われてこなかった。小泉内閣のとき日本国政府のバランスシートを作成し公表したんですが、すごいことがわかったんです。

中田　どこがどうすごかったんですか、日本国は？

竹中　**日本国政府のバランスシートは、アメリカ合衆国連邦政府のバランスシートの5倍も大きかった。**日本のGDPはアメリカの半分以下ですから、対GDP比で見ると日本のバランスシートはアメリカの10倍です。つまり貸借対照表の左右両側がどちらも、ものすごく大きい。借金も資産も大きいということです。90年代に日本企業がやったことはバランスシートのスリム化でした。リストラの第一歩は財務リストラで、ムダな資産を手放し不要な借金を返すこと。**バランスシートを小さくすれば金利負担も減り、リスク全体が小さくなって、フローがよくなります。**実は私たちがやった郵政民営化はこれなんです。

中田　郵政を外してバランスシートを小さくした。資産も減るけど人件費や借金も減る。

竹中　ところが依然として、対GDP比でアメリカの9倍という巨大なバランスシートに公務員がへばりついているんです。国有地は日本の国土面積の3～4割、なんと九州・四国・中国地方を合わせたくらいあるんですよ。

中田　日本最大の不動産屋は、実は日本政府だったということになりますね。

竹中　財務省は日本最大の不動産屋です。世界でも有数の不動産屋。広大な不動産を持っているから、管理のために「管財」という仕事が必要で、財務省地方財務局のほとんどは管財をやっているわけです。国の地方出先機関を整理しようというと、彼らの職がなくなるから労働組合が大反対を叫ぶ。膨大な資産を持ち、管理する人が張り付き、彼らは何一つ付加価値を生まずただ管理するだけなのに、給料を取っている。だから日本は一人あたりGDPが少なくなってしまう。

中田　バランスシートをちゃんと見るという当たり前のリテラシーが社会になく、財務リストラという発想もない。これは地方自治体の大難題だけど、同時に日本国の大難題ですね。

竹中　日本企業がROA（Return on Asset）を言い出したのはここ20年くらいのことです。アセットは資産で、ROAは利益÷総資産×100％で計算します。つまり、企業が持っている総資産が、利益獲得のためにどれだけ有効活用されているかを表す財務指標です。資産があればそこから利益を生み出すようにしろというのは当たり前の話。そうならないのは、**バランスシートのリテラシー欠如に尽きる**でしょう。日本全国の自治体のROAを一度計算してみたらいいかもしれない。

告発！大問題17 成果を見ずに積み上げるばかりで予算が決まる！

竹中 バランスシートは財政の基本ですが、もう一つ基本の話をすると、**予算が「積み上げ」で決まるか「アウトカム」で決まるか**という問題があります。積み上げ方式は、何にいくら使ったということを積み上げていって、予算は何十億円必要だというやり方。鉛筆や消しゴムから橋やトンネルに至るまで、全部を積み上げていく。で、今年の予算は去年使った額とだいたい同じ額に決める。ただし、積み上げの結果、社会がどうなったかはまったく問いませんと。

そうではなくて、**予算は政策がもたらす結果、つまりアウトカム（成果）を見て立てなければいけない。**たとえば病人を何人治したか。人びとの寿命がどれだけ延びたか。救急車は何分で駆けつけたか。病院たらい回しは何人減ったか。こうした**アウトカムで測るという財政に関する根本的な発想の転換が必要**なんです。

中田　財政だけではなく、自治体の各論すべてに当てはまる話ですね。僕は横浜市長になったとき不思議でならなかったんですが、行政が観光に力を入れるというとき、誰も観光客数の推移を言わないし、問わない。問われるのはキャンペーンを何回やったか、旅行セミナーを何回やったか、チラシを何万枚配ったか。それが「観光に力を入れた」ということであって、成果を上げたかどうかは関係ないんです。

竹中　アウトカムに注目する手法は「ニューパブリック・マネジメント」といい、90年代にニュージーランドなど一部の国が始めた。日本の国レベルでは私たちのときに始めたんです。道路を何キロ造るなんてどうでもいい。とにかく交通量をどうする、交通渋滞をどう減らすというアウトカムを実現せよ。そのための政策は任せる。これこれの予算をつけるが、余ったらあとは自由に使っていい。そういう画期的な大転換を小泉内閣で始めたんですが、小泉内閣が終わったらすべて雲散霧消《うんさんむしょう》した（笑）。いまは、余った予算は返せという話になっていますけどね。

中田　僕も横浜市でやりました。当時の観光入り込み客数は年間3500万人くらいだった。そこで3年間で350万人増やすという目標を設定したら、1年で達成できちゃった。翌年は4000万人に切り換え、開港150周年の2009年には5000万人という目標を立てて、これも達成できた。職員は頑張ったし、やればできるんです。

竹中　国でも地方でも、「アウトカムで測る」というフレーズがもっと頻繁に出てこなければいけない。政治家というのは本来、アウトカムが重要だとわかっているはずです。街頭演説の回数や配ったビラの数が重要なのではなく、自分に投票してくれた人数だけが重要なんだから。経営者もわかっている。取締役会を開いた回数ではなく、利益をいくら上げたかが重要なんだから。みんなわかっている当たり前のことが、こと行政の話になると成り立たない。

中田　政党のマニフェストは、「やります」と項目を羅列するだけではダメですね。**項目ごとに期限を切って具体的な数値目標を掲げなければならない。**マニフェスト先進国のイギリスでは、労働党・保守党どちらのマニフェストにも「医療充実のため看護師2万人、医師1万人を採用」「窓口の待ち時間は5分以内」というように必ず数値が書いてあるでしょう。もっとも、民主党に見られる、見せかけの数値目標は詐欺的行為。

竹中　おっしゃるとおりで、マニフェストはアウトカムベースでなければならない。**数**

字で示したアウトカムを実現するために何をどうするかを論じるのが、本来あるべき姿。このあたり国も自治体も非常に不明確です。日本人って物事にすごく細かくて、ちゃんと損得勘定をしているはずなのに、〝官〟や〝公〟の問題となると一種聖域のように、計算することをやめてしまう。

中田　国が出してくる予測数値、たとえばダムの必要性を示す水量とか道路の必要性を示す交通量は、たいてい後でいい加減だったとわかるんだけど、あまり疑いませんからね。

竹中　そこは、地方自治に対して住民が正しいリテラシーを持ってチェックする必要がある。オンブズマン制度がその機能を果たせばいい。

中田　そのオンブズマン制度も困ったものなんです。とにかく何でもかんでも情報を出せという行政追求型のものが過ぎる。情報公開資料は無料でコピーさせなければ、情報公開の趣旨に反すると主張する。無料の結果、イデオロギー的な活動家や特定事案の運動家が大量にコピーを求めてくるんです。たとえば、ある区役所では半月の間に120回もの開示請求を繰り返す者がいた。ひどかったのは、1211件もの文書の開示請求をしながら取りに来ないという人もいた。請求者が営利目的の業者であるケースも頻繁です。それでも、職員がすごい労力をさいて調べて、全部無料でコピーすることが必要でしょうか。マスコミは情報を取る側だから、こういう理不尽な情報公開請求を報道しない。
竹中　そうそう。思想的な物差しで評価しているように見えるところが多いですね。地方自治のチェックという点でいうと、**私は地方分権を健全に機能させるために諸外国にあって日本にないものの一つは「政策NPO」**だ、と思います。

これはロビイストの反対だと考えればいい。ロビイストは、特定の企業や団体などの声を代弁して、あれをやってくれ、これをやってくれと大臣や首長に働きかける。川下の声を川上に伝えるわけです。**政策NPOは逆で住民に働きかける。**行政のここはムダではないかとか、住民税を低くするために働いている議員はこの人だと、川下に伝えるわけです。アメリカにはTax for Americaという有名な政策NPOがあります。
中田　全米税制改革協議会ですね。代表のグローバー・G・ノーキストさんには11年2月にワシントンで会って、ディスカッションしてきました。
竹中　会った。それはよかった。彼はいつでも大統領に会える人物です。私は、政策NPOはとくに地方において重要だと思います。ところが日本には存在しない。それらしいものがあっても、思想的にかたよりすぎていたり、健全に機能していません。だから横浜市の政策NPOを作ればいい。中田さんがその顧問になれば、横浜市長や市議会には怖い存在になると思いますよ。そのNPOで若い人にいろいろと仕事をさせて、そういうなかから政治家が出てくればいいいんです。

告発！大問題18 なぜ高すぎる公務員給与を見直せないのか

中田　竹中さん、総務大臣のとき総務省幹部のボーナス査定はありましたか？

竹中　幹部のボーナス査定ですか。いや、私はやったことがありません。

中田　たぶん国も地方も一緒で、**役所のトップがボーナス査定をするという慣行がない**んですね。僕は、それではダメだと思って市長による査定を始めました。夏冬のボーナス総額は決まっていますから、これは変えない。だから全体の人件費も変わらない。ただし、ＳＡＢＣＤＥの6ランクを設けて市長が査定する。Ｓが25％増額でＥが35％減額、その差が最高100万円になるという形にしたら、ものすごい反発がありました。

竹中　それは猛反発でしょう。おそらく大臣もやろうと思えばできるんじゃないかと思いますが、猛烈な反発やサボタージュで仕事にならないかも。私たちは、給与やボーナスの額をどうするというはるか手前で、官僚と政治の分離という大問題を抱えていました。だから私のとき初めて、大臣が事務次官と局長の人事を直接指示したんです。私は前総務大臣の麻生太郎さんが決めていた幹部人事を替えたんですけど、もう大変だった。麻生さんに呼びつけられましたから、その役人が麻生さんをけしかけに行ったわけですよ。結局、人事は大臣の問題だということで、安倍晋三官房長官に間に入ってもらって自分の意見を通しましたけど。国家公務員はそのレベルで、マネジメント以前ですよ。

中田　霞が関の場合は、給料以上にポストがインセンティブになるんでしょうね。

竹中　そうです。とくにキャリア官僚はね。

中田　地方の場合だと、**仕事をしない者が勝ちみたいなところがあって、そもそも幹部になりたがらない**んです。東京都も横浜市も、大都市は幹部候補生のなり手がどんどん減っている。高卒だろうが大卒だろうが門戸は開かれていて、係長にさえなれば課長、部長、局長……という道が開けるので、ある意味で公平な仕組みなんです。でも、係長試験の受験率が激減している。これも「中田がやっているから、幹部に魅力がないんじゃないか」と、市長のせいにされるんです。でも、問題は**係長になっても責任だけが増えて給料は変わらない制度**にある。

竹中　私は、**日本の公務員給与は、国家公務員も地方公務員もすべて総額で2割削減すべき**だと考えています。中田さんはどう思われますか？

中田　それは賃金カットだけではなく、人数そのものを減らすことも含めてですか？

竹中　人数はまた別問題。私は給与水準そのものを下げるべきだと思う。

中田　一律2割削減が最良の方法かどうかは、ちょっと考えさせてほしいですが、公務員は給与水準そのものが高すぎます。ある程度の削減は当然でしょう。横浜市の人事委員会は、企業50社と比較して給与を決めているんですけど、かつては大企業50社と比較して決めていた。これも私は見直しました。

竹中　地方にいくともっとひどい。私の故郷の和歌山なんて、そんな大企業は住友金属しかない。

中田　これはおかしいじゃないか、と僕は言ったんです。横浜には青果店で働く人もいれば、中小零細企業で部品を一生懸命作っている人たちもいる。なんでそういうところも含めて比較しないいんだと、50社の中味を入れ替えることにした。すると給与は0・5％下がりました。

竹中　バブル崩壊の1990年代初頭の水準と比べると、民間の給与はかなり下がっています。しかし公務員給与の人事院勧告は上がっている。それぞれ平均すると、民間と公務員の給与の差額は公務員給与のほぼ2割になります。仮に2割を下げるとすれば、国と地方の公務員の年間給与総額27兆円から約5・5兆円減ります。これは子ども手当と同額ですよ。だから子ども手当をやめて公務員給与を2割削減すれば11兆円が浮く。これは消費税5％分です。政府は消費税を5％上げて10％にしなければならないと言っているけど、上げなくてもよくなるんです。

中田　ということは、消費税2・5％分は、公務員給与を2割下げずに現状を維持するための増税、ともいえるわけですね。横浜市で諸手当を削り、大企業ばかりだった給与の比較対象を改め、ボーナス査定を導入していったとき、最後に反対派が何と言ったと思いますか？「こんなことをやったら、公務員の消費が落ちて経済にマイナス影響を与える」と言った。

竹中　経済が……（大笑）。

中田　これには笑った。もう笑うしかないでしょう。公務員のお陰で日本経済や横浜経済がもっているのか。そんなはずないだろうと。冗談も休み休み言ってほしいと思った。

竹中　私の田舎の和歌山のような地方で、たとえば夫婦共働きで子どもがいない公務員の生活水準を見ると、ものすごく高い。2割下げても全然おかしくないと思います。

中田　人件費を減らすとき、すぐ用いられるのが給与カットという手法です。一時的な給与5％や10％カットを、財政バランスがよくなるまでやる。大阪市が典型ですが、これは一時しのぎでしかない。根本的な解決には、**仕事のやり方を変え、公務員の定数を減らさなければダメ**ですね。ほとんどの自治体は、そこまでは踏み込んでいません。

竹中　そこは忘れてならないポイントで、人件費は気持ち削減したものの、非正規労働者への発注が増えて削減分の物件費が増えただけということになりかねない。そこのチェックは当然やらなければいけない。

組織を守るためにここまでやるお役所を笑おう！

中田　経営者が提示した賃金引き下げに民間の労働組合が強硬に反対して、たとえば工場がストップしたとしても、消費者は違う会社の製品を買えばいい。ところが行政というのは絶対唯一の存在で、消費者というか住民は、ほかの選択肢がないわけです。労働組合は、そこにつけ込んで、人件費削減問題を政策案件にすり替えてしまう。

横浜市の水道事業は、僕が市長になったとき累積赤字が76億円積み上がっていた。これを10年ぶりに黒字にして、160億円を超える累積黒字まで持っていったんです。この過程で水道局の職員を減らしたし、手当も給与も見直した。営業所で真夜中に煌々《こうこう》と電気をつけて水道料金を払いに来る人を待つという馬鹿げた徴収方法をやっていたから、そんなのコンビニ納付にすればいいじゃないかと改めた。コンビニなら24時間オープンだし、水道局の営業所より近いですから。なにしろ**受け取る水道料金より、そのための人件費のほうが高いんですよ。これが公営企業の実態です。**企業とは名ばかり。

竹中　横浜市がですか。それはすごい（笑）。

中田　アホみたいな話だから、やめたんです。でも、どう考えても市民には反対する理由が見つからないけど、水道局職員だけは猛反対。理由は、結局のところ、人員が減り自分たちの組織が先細りになるからです。いまいる職員が一人もクビにならないとしても、将来の人員削減は組織の先細りにつながるから反対というのが彼らの思考回路。ところが、そんな非常識なことを堂々と主張はできない。そこで話をそらして「横浜市民の水を守れません」と言い出す。市民の不安をかき立てるわけです。

竹中　郵政とまったく同じです。

中田　「水漏れや断水のとき、水道局がすぐ駆けつけることができなくなる」「横浜の水が危機です！」という一大キャンペーンをはられた。危機なのは横浜市の水道局で、横浜の水道ではないんですけど。

竹中　**コンビニ納付の話が、横浜の水道危機になってしまう**（笑）。同じような話は、日本全国いたるところの自治体に転がっていますね。

告発！大問題19 民主党の「地域主権」は、中央集権である！

竹中　小泉政権の国と地方の税財政改革は、いわゆる三位一体の改革で、「国から地方への補助金削減」「国から地方への税源移譲」「国から地方への地方交付税の見直し」の三つをワンセットとして地方分権を進めるというものでした。ところが民主党政権は、「地方分権」でなく**「地域主権」**という言葉を使っています。

中田　「主権」は、本来は独立国家の最高権力や統治権を表す概念。もしくは、国の意思を決定する根源として、自国民が持つ権利ですよね。日本国は別に地方に主権を渡したわけではないから、おかしな言葉ですよね。

竹中　景気よく言ってみただけという感じがします。そこで中身を見ると、かつての地方分権と民主党の地域主権には、決定的に違う点が三つある。第一に、小泉政権で3兆円を地方に渡した「税源移譲」がまったく姿を消した。第二に、新しく「一括交付金」が登場した。「ひも付き補助金」をやめて縛りのないカネを地方に渡し、自由に使ってもらうと。第三に、かつてあった「地方自治体の破綻法制」が影も形もない。でも、**地方分権のエッセンスは、まさに税源移譲にある**んです。

中田　民主党の主張は**「地方税財源の充実確保」で、地方に税源は渡さない。中央で集めて一括交付するんだから、地域主権じゃなくて中央集権**ですよね。

竹中　おっしゃるとおり。地方分権の基本は「受益と負担」の明確化です。住民は税金を負担し、行政サービスを受益する。そして受益と負担のバランスが取れているかを評価するわけです。ところが税金を国税として国に払い、そこから一括交付金で地方に回すと、受益と負担がバラバラで比較のしようがない。だから地方住民のチェックが働かない。一方で中央政府の役人の地方コントロールが続くんです。

中田　いま、税金を払う国民から見ると国税と地方税の割合は2対1くらいですね。でも支出を見ると国と地方の割合は1対2くらい。つまり税金全体の3分の1（国税の2分の1）が国から地方に、地方交付税や補助金として渡される。一括交付金を導入しても、カネの流れは変わらない。

竹中　だから民主党の分権は、地域主権とは名ばかり。本当の地方分権を否定していると私は思います。それはひも付きではない使途自由のおカネをもらえるのは、地方はうれしいでしょう。でも、**自由には責任がともなわなければならない。地方が責任を持つ仕組みが地方自治体の破綻法制ですが、それがない。**

中田　でも現実に夕張市は破綻した。七つあった小学校が一つに、四つあった中学校が一つになり、夕張市民は東京都民より高い水道料金を払っている。そういう事態を回避するために先回りして準備するのが、竹中さんが路線を引いて準備された破綻法制ですね。ところが、それがなくても誰も反応しないし、みんな関心がないんです。

以前この問題を話し合ったとき、竹中さんは「中田さん、日本は一度行き着くところまで行かないと、わからないのかもしれませんよ」とおっしゃった。あれは僕にとってすごくショックで、危機感を新たにしました。地方自治体の破綻も経験しなければわからないというのでは、北朝鮮にミサイルを1発撃ち込まれなければ自衛力について目が覚めないというのと同じ話かと。**地方行政も国政も、政治に対する新しいベクトルを示す必要があるでしょう。**

竹中 夕張問題で総務省は「大丈夫です」と繰り返し言っていた。私は北海道から独自に情報を取って「これは事実と違うじゃないか」と繰り返し差し戻した。夕張市の破綻は、何もやらない総務大臣だったら2〜3年先に延び、もっとひどくなっていたでしょう。正しい方向のベクトルは数年前にもあったわけですよ。

国会議員には地方政治の経験が必要だ

中田 でも、いまの国会議員にこの話をしてピンとくる人が、どれほどいるか。

竹中 数十人もいませんね。せいぜい一ケタではないか、という感じですよ。**国会議員は基本的に地方分権に反対なんです。国レベルですべて自分が決めたいからこそ、国会議員になったわけだから。**

中田 地方分権を認めると自分の存在価値がなくなってしまう。裏表の関係です。

竹中 小泉さんがよく言ったのは「霞が関の官僚は地方分権に反対するに決まっている。

自分の仕事やポストをなくすことだからだ。だから政治主導しかないんだ」と。国会議員も同じで、最大の役割は中央官庁に対する口ききです。

中田　そういえば横浜市長のとき、衆議院か参議院か忘れましたけど、選挙で新しく当選した議員が大喜びで、各省庁の予算概要をファクスで送ってきたことがあった。出た瞬間に「これが横浜市関連です」とかいって、補助金のリストと金額をまとめてね。そんな姑《こ》息《そく》なテクニックだけ覚えちゃった若い政治家が大勢いるんです。

わかっている国会議員はせいぜい一ケタとおっしゃったけど、僕もそんなものだろうと思います。そもそも**地方行政の問題点を本当に経験し、規制官庁に対して戦った背景のある国会議員が、どれだけいるか。**アメリカでは地方政治を経験してから国政に関わるのが普通でしょう。アメリカ大統領は州知事出身者ばかりだし、中国ですら地方で頭角《とうかく》を現した政治家が中央で活躍する。ところが日本は、とくに小選挙区制の導入前がそうですが、若いうちに国政選挙に出て初当選して、当選回数を積み上げることが大臣になる早道だった。

竹中　自民党時代はそれしかなかった。

中田　笑い話だけど、お父さんが早く亡くなった二世議員が有望なんですね。橋本龍太郎さんや小沢一郎さん、小泉さんもそう。自分が50歳のときお父さんの後を継いだという人は、当選10回に近づく頃までによぼよぼになっちゃって大臣に行きつくのがせいぜい。だから僕は、国会議員だったときは全然気づかなかったことですが、**地方の首長をやってつくづく地方政治の経験が重要だ、知事が大統領になることには合理性があるんだ、**と思うようになりました。

竹中　だから、中田さんには大臣や総理大臣になる資格が十分あるんですよ。自分では言いにくいだろうから、代わりに言いますけど（笑）。

告発！大問題20
東北復興のために、今こそ導入すべきこと！

中田　Part1で大震災からの復興について話しましたけど、とくに地方に焦点をあてて、その役割を整理するとどうなるか。僕は、これまでできなかったことを一気にやる大チャンスだという意味で、やはり**道州制を本格的に導入すべき**だと思います。

竹中　同感です。**いろいろな市町村が参加する大型の合併を一気に進めて、新しい**

道州のようなものに復興の主体を担ってもらう。道州制特区として再生することが、白地のキャンバスにいちばん美しい絵を描くことになるだろうと思いますね。

中田　道州制は、いま東北でやらなければならない3本柱の、間違いなく1本に入るだろうと思います。そこでおこなわれることは、**今後、国と地方の役割を整理していくときの重要なサンプルになる。**それを得るという意味でも、重要な機会だと思います。住んでいる人たちの日常生活の面倒は、現在の市町村にやってもらいながら、復興における必要な枠組みは道州という広域で考えていく。権利の制限をともなう新しいインフラ整備とか、道路や港の配置などは、県単位よりは道州単位で考えなければいけない。

竹中　この議論で出てくる興味深い課題の一つは、**「嵐の中で船団を組み替えるのはいいことか、悪いことか」**という問題です。役人的にいえば、こんな大変なときに、過去にやったことがない仕事を地方にやらせれば、大混乱してしまう。だから嵐の中では船団を組み替えるべきではない。今までの枠組みの中で、国は国の、地方は地方の役割を果たすべきだ――これが道州制特区に対するいちばんの反対論です。

これに対して、私たちはどう再反論すべきか。いや、実は**船団というのは、嵐の中でしか組み替えることはできない。**平時は従来の船団のままで問題がないから、誰も組み替えないではないか。歴史を見ても枠組みの大変化は、必ず何か大事件をきっかけに起こる。関東大震災も敗戦もバブル崩壊もそうで、船団はそういうときにこそ組み替えるものだ。それを実現するのがリーダーシップなんだ、ということでしょう。

中田 大嵐なんだから整然と進んでいた船団はバラけて当然。それを新しく組み直せ、という話。難しい調整をしながら、これまでの船団を組み続ける意味はない。

竹中 私は東北3県のある知事さんと会う機会があったので、「国にあれもこれもやってほしいとは、言わないほうがいいですよ。国は基本構想を示して地方に資金を回してほしい、あとは自分たちでやると、なぜ言わないんですか」と申し上げた。「3知事が自分たちに任せてほしいと言えば、世論の後押しがあるから、政府は反対できませんよ」とね。でも、たぶんやらないでしょう。理由はよくわかります。前首相の菅さんが罵声《ばせい》を浴びていたけど、今度は知事が責任を負って罵声を浴びることになるでしょうから。

中田 現職の立場では、現在の枠組みの中でどこまでが自分の責任かと、つねに考えざるをえない。使命感が強ければ強いほどそうで、枠組みの変更を自分から言い出すのは難しい。よほど国政や国家論について確たる考えがないと、現場からは言えませんよ。

竹中 ただ、すでに道州制特区の法律があって、それを使うことは県の役割に含まれている。参考になるのは、竜巻の被害に遭った米ノースカロライナ州の事例です。町を復興するとき、住民たちがみんなで「この店は必要だ。この施設もほしい」と議論して進めた。このやり方が通用する町のサイズという問題を意識しながら、見習えばよいと思います。「高台の上に町を新設する」といっても、高台のない町はどうするか、高台には平地より高い土地代を負担して安全を求めた人がすでに住んでいる。彼らの自由と責任はどう考えればよいか。そういった問題は現場でなければ対応できないでしょう。

中田　国は、大きな枠組みというか基本方針を決めて、カネを用意する。

竹中　そこから先の執行については、仙台に復興院のような組織を置き、そこから基礎自治体に投げていく。それしか方法はないだろうと思います。地方自治の実務をよく知るお立場からは、どうですか？

中田　住民がどうやって生きていくんだ、どう毎日を過ごせばいいんだという問題は、そもそも新たな法案とか構想の対象ではない。これは現在の基礎自治体を中心にやるしかないですね。今後の青写真を描いていく主体は現状での広域自治体である県（県知事）ですが、従来の枠組みで絵を描くのでは意味がないから、**復興会議のメンバーとしてどんどんアイデアを出す。復興会議が東北何県かまとめた特区構想を含めて復興構想を**

出す。そして執行そのものは、また自治体の現場に下ろしてくる。そんな形がシンプルでいいと思います。

問題は、**地方自治体が「これは自分たちでやるんだ」というところを、どう盛り込んでいくか。**これまで地方は、国に要望を出すことを仕事にしていて、認められたものだけを国の枠組みの中で執行するというやり方だった。だから、どこも自分たちでやるとは言い出さない状況になっていたわけです。

竹中　地方というのは本当に「要望型」の行政一色だと思いますね。

中田　僕は「カネは減ってもいいから自由にやらせてくれ」と言いましたけど。やっぱり**日頃から自分たちの自由な着眼を持つ**ことが大事です。なんで北海道から沖縄まですべて一律でなければならないのか。保育所に入れない待機児童を解消するのに、なぜ同じ一律基準の保育所を作らなければいけないのか。田舎ならば、子育てが終わったじいちゃんばあちゃんが空き家を活用して孫ほどの子どもの面倒を見たっていい。それで待機児童を減らしたとカウントしていいはずです。

竹中　少なくとも待機児童のままにするよりは、ましですから。

中田　狭い都会では、園庭が一人あたり3・3平米なければいけないという基準でなく、近くの公園を使って遊んでいいことにすればいい。駅前のビルに保育園があってもいいじゃないかと、自分たちが着眼して、自分たちでソリューションを考えていく。それを国に認めさせれば、国が保育園に出していた補助金の総額は減るでしょう。**減っても自由なほうがいい。自分たちにやらせろ、という思考回路が必要です。**

政府・国会を東北に移転せよ

竹中　民主党政権は、一括交付金を創設し、使い方も自由にした。しかし、自由とコインの裏表であるはずの責任を求めず、2年間やってきた。2年間続いた流れを一気に変えることは難しい。でも、大震災をきっかけに、新しい地方の独立に向けた制度やシステムがほしいところです。それは何でしょうね。

中田　繰り返しになりますけど、やっぱり**カネは減ってもいいから自分たちでやれるという仕組み作り。**

竹中　震災復興を執行する組織を仙台に置く。いま国家公務員の3分の2は地方にいますから、東北の経産局や財務局の役人はその組織に移して、将来の道州政府のサンプルになるようなものを作るというのが、一つあるかと思います。

中田　バカバカしいと思われるかもしれないけど、**政府の司令塔である首相をはじめ内閣の機能を当面の間、仙台に移して復興の指揮をとる。**これは物理的にものすごくロスがあってマイナス面が大きいけど、象徴的な行動としてやったほうがいいんじゃないか。取材のための移動が大変だから、マスコミは猛反対でしょうけど。国会も反対かな。

竹中　そういうことは本当に官民挙げてやるべきです。私は、原子力問題を扱う国会の経済産業委員会は、福島で開けばいいと思います。**日本が議長を務める国際会議はことごとく東北で開催する。**９・11の翌２００２年１月のダボス会議は、わざわざニューヨークのアストリアホテルでやったんです。日本全国の中学や高校の修学旅行は東北へ行くとか、そういうことを思い切って官民挙げてやるべきでしょう。

中田　ところが、６月下旬に共同通信社が配信した記事によると、東北への修学旅行が９割減になって、東北観光推進機構が「全滅に近い」と悲鳴を上げているという。実際、札幌市の公立中学校97校中96校が青森・秋田・岩手の北東北３県を修学旅行先にしていたのに、96校すべてが旅行先を道内に変更したそうです。僕は、こんな機会は二度とないんだから、自分の子どもだったら岩手・宮城・福島への修学旅行に行かせたいと思うけど、そういう親はいないんですかね。うちは、高校生と中学生の子どもを連れて、家族3人で8月に陸前高田市の支援活動に行ってきました。

竹中　みんな絆が大事とか、日本は一つとかいうけど、やはり建前。それとは違う本音の人たちもいるのでしょうね。

Part 3

非常時の国民の仕事

告発！大問題21

国民も政治家も「自分以外の誰かがやればいい」と思っている！

竹中　Ｐａｒｔ３では、ここまでの議論を踏まえて、日本の政治・経済・社会が抱えている大問題を話し合い、日本再生への道筋を示したいと思います。

中田　地方自治の話の続きですが、僕が今回つくづく思ったのは、**住民にとって頼りになる自治体と、まったく頼りにならない自治体がある**ことです。巨大地震や大津波に直撃され壊滅的被害を受けた自治体は、頼りになる・ならない以前に、なすすべがなかったからこれは仕方がない。でも、**頼りになる自治体は、やっぱり先回りして防災に力を注いだり、財政の万全を期すため基金を積み上げたりしてきている。国に頼りきって、使えるものは何でも使っちまえとやってきた自治体とは、根本的な差が生じている。**

東日本大震災のような極端な問題がなければ、この問題は顕在化しません。横浜市がどんなに借金を減らしても、市民の財布の中身が増えるわけではないから、平時には誰も実感がないんです。でも、日頃の体力をつけておかないと、非常時に対応できない。地方自治体は、日頃からそのことを見通しておかなければならない。

竹中　結局、**住民一人ひとりがもっとしっかり自立し、横浜市民は横浜のことをちゃんと理解しなければならない。**これが地方自治の到達点のはずです。

中田　ところが、**地方自治体が健全に運営されているかどうかという見方、チェックの仕方を、住民が誰も知らない。**これが大問題です。行政を監視をしたいと思っても、どんな点をどんな角度から見ればいいのか、誰も知らないじゃないですか。東京23区でも地方都市でも誰も知らないでしょう。

竹中　２０１０年の慶應大学法学部の小論文に、ものすごくいい問題が出ました。課題の例文を出したんですが、内容がとても興味深い。わかりやすくいうと、たとえば「あなたは死刑に賛成ですか、反対ですか」とみんなに聞く。すると「死刑に賛成だ」と答える人が少なくない。そこで「わかりました。では、死刑賛成の人から順に死刑執行のスイッチを押すルールにしましょう」というと、賛成だった人が少なからず反対に回る。つまり、社会がある行為をすることと、自分が同じ行為をすることとの間には、明らかに大きな断絶がある。社会を構成する人びとが、その断絶を作っている。

中田　その断絶について自分の考えを述べよ、という小論文なんですね。

竹中　そうです。でも古代の民主主義に、そんな断絶はなかった。ある市民が「こうすべきだ」と主張して、「わかった。じゃあ、まずあなたがやれ」といわれれば、躊躇なく実行する。これが民主主義の一つのルールだった。ところが現代社会では、そんなルールは姿を消してしまい、**社会の構成員がみんな「自分以外の誰かがやればいい」と、評論家みたいな主張をするようになってしまった。**

中田　個人がそうだけど、自治体だってそうです。たいていの首長は、米軍基地も原発も絶対に必要だけど、自分の県や市町村にくるのはゴメンだと思っています。

竹中　**自分が言った以上自分で引き受けるというルールが成り立っている場所を「政治的空間」**というんです。政治的空間にちゃんと身を置いたと。ヨーロッパでは、これはポリス社会の古代ギリシャ、つまり政治学の始祖プラトンやアリストテレス以来の伝統を持つ考え方です。

　言ったからには責任を持つ。これは政治に携《たずさ》わったことのある人ならわかりますね。政治家が求められる当然のことだから。でも、それは**社会の構成員みんなにいえる**こと。民主主義は、そのルールがなければダメなんだということです。**テレビのワイドショー**

に出てくるコメンテーターや評論家たちは、そんな政治的空間に身を置いていない。現実の脅威や圧力が及ばない安全地帯に身を置いて、勝手なことを言っている。

中田　マスコミ全体がそうですね。政治家が失言したとき、新聞は発言を紹介した最後に、「波紋を呼びそうだ」とか「被災者から反発の声が出る可能性がある」と書く。記者がおかしな発言だと思えば「けしからん発言だ」と書くべきなのに、書かない。

竹中　だから、**非常に心地のよい空間から、他人事のような話をしているだけ。**そういうことを改めなければ、この社会はなかなか前に進まない。

「他人のことは賛成、自分のことは反対」では何もよくならぬ

中田　僕は横浜市営の地下鉄やバスを何とかまともにしようと思って、結果的に黒字にしました。まず問題だったのは地方公務員の給与。もちろん職業に貴賤《きせん》はないけど、バスの運転手さんにはそれなりの給与相場がある。ところが公務員は世間相場なんておかまいなしで、役所に入った年が同じなら、バスの運転手だろうが、納税係だろうが、保健所勤務だろうが基本的には同じ給与水準を構築してきた。だから削減したんですが、市民は文句

を言わなかった。
　でも、それだけで赤字解消は無理だから、やむを得ず路線の統廃合に着手する。バスにも明らかに政治路線がありますからね。すると地域の住民が大反対で、そこから先はもう打つ手がない。**「総論賛成・各論反対」といえば聞こえはいいけど、実は「他人のことは賛成・自分のことは反対」**なんです。

竹中　郵政民営化もその典型で、民営化で国民全体が広く利益を得ることは間違いない。ただしその利益は、広くて薄い。たとえば、放置すれば80円から100円に値上がりするかもしれない郵便料金を80円に据え置く、というような効果です。
　20円×封書数だから、一人ひとりにとっては知れた金額でしょう。ところが、たかだか20万人しかいない郵政ファミリーは、一人ひとりが年1000万円単位というような大きな利益を失う。だから郵政民営化に必死で反対し、意に沿った国会議員を送り込む。賛成の人は「まあ、やればいいいんじゃない」という程度の消極的な賛成だから、反対論が勢いを得てしまう。

中田　市バスの件は市長として繰り返し説明したけど、うまく伝わりませんでした。

竹中　郵政問題も、いまだに説明の仕方が難しく、なかなかわかってもらえない。たとえば「2005年に全国津々浦々1万9000人近くいた特定局長さんというのは、自宅を局舎として国に借り上げてもらっていたけど、その相場は市価の3割高い。全体で年に800億円以上で、一人当たり35万円の家賃収入。これは国家公務員の給与とは別。しかも相続税を払わなくていい。そのうえ国家公務員なのに世襲なんですよ」と説明すると、みんな「えっ、そうなんですか」と言うわけです。2001年の省庁再編で、郵政省の郵政・郵貯・簡保の担当局が郵政事業庁に移り、03年からは国営の郵政公社に移行した。郵政公社のファミリー企業219社には官僚が2000人も天下っていた、とかね。

中田　給与以外に「渡切費《わたしきりひ》」という使途不明金を1000万円ずつ支払うとか。それだけで2000億円近い。でも、郵政民営化であれだけ大騒ぎしたにもかかわらず、いまの話を初めて聞くという人が少なからずいるんじゃないですか。

竹中　だから難しい。中田さんのいう「他人なら賛成・自分なら反対」は、横浜市民の責任です。市長の説明が伝わらないのは、市の広報やメディアも悪いかもしれない。でも、中田市長が何を言ったかは、ネットで調べればわかる。市民はほとんど調べていないわけです。

中田　そういうのを僕は**「お任せ民主主義」**と呼んでいるんです。

竹中　ああ、それは、的確なネーミングですね。

中田　**みんな民主主義に参加した気分になっているけど、実態は「他人なら賛成・自分なら反対」と口を出しているだけで、多くの人は投票に行ったかどうかすら怪しい。**横浜市長選挙の投票率は昭和50年代から30年もの間、30％そこそこなわけですから。だから2009年の夏、私が市長を辞めるとき、市長選挙を衆議院選挙と同日選挙にしたわけですが、投票率は68・76％になりました。結果、議会にとって都合のいいオール与党市長をつくれないようにした。最後の最後でまた嫌われましたけど（笑）。

政治家は「御用聞き」政治を止めよ！

竹中　投票する有権者はお任せですね。では、**選ばれて任せられたリーダーが責任を果たしているかといえば、果たしていない。**現代社会は非常に複雑だから、どの政策が望ましいかなんて、忙しくしている普通の人はなかなかわからない。だから**現代の民主主義は「リーダーシップ・デモクラシー」で、リーダーが「こうしようではないか」と引っ張らなければいけない。**

ところが政治のリーダーたち、とくに麻生政権、鳩山政権、菅政権と続いた三つの内閣は「こうしよう」といわずに、「みなさん、何か困ってませんか」と聞くわけです。つまり**「御用聞き」**なんです。だから有権者は「お任せ」で政治家は「御用聞き」というのが日本の民主主義。ところが、御用聞きに対して「こうしてくれ」と注文するのは、郵政ファミリーのように特殊な人たちばかり。日々の生活に一生懸命の人は、御用聞きに注文しているヒマなんかない。

中田　**とくに30代以下の若い人たちが、政治にコミットメントしていないなと思います。**横浜で高齢者福祉の見直しをやりました。革新自治体はどこも、お年寄りが70歳以上になったら公営の地下鉄やバスがタダになる〝敬老パス〟を出していた。美濃部都政（67〜79年、美濃部亮吉知事）も飛鳥田・横浜市政（63〜78年、飛鳥田一雄《あすかたいちお》市長）もね。

竹中　経団連会長が無料パスをもらえる。これは、おかしいんじゃないかと。

中田　必要のない人にまで出すのはおかしいと、僕は有料制に改めました。ところが老人クラブ連合会から、ものすごい反発があった。「今度の若い市長は、年寄りの気持ちがわからないとんでもないやつだ」「敬老精神がない」と、もう個人攻撃ですよ。ところが一方で、待機児童を減らそうと保育園を増やすでしょう。でも、賛意の声はまったく上がらない。「お陰で助かった。ありがとう」と言ってくれる若い夫婦が、少しはいてもよさそうに思うけど、全然いない。感謝されたくて言っているのではないですよ。**コミットメントがない**ということです。

僕は、声を出す人の嫌がることをやり、声を出さない人によかれと思うことをやったつもりです。でも、政治はどちらの顔を見てやるかといえば、人間のやることですからね。声を出すほうを向いて、彼らによかれと思うことばかりやるに決まっています。

竹中　しかも全国を見れば、高齢者が多い地方のほうが1票に重みがある。だから地方の声が何倍にも増幅され、都会に住む若い人たちの声をかき消す。そのことが、ますます若者たちをシラケさせ、政治的な無関心を広げてしまう。

告発！大問題22 中高年がしがみつき、若者にしわ寄せが集中している！

竹中　いまの若い人たちは非常に気の毒です。２０１０年平均の完全失業者数は３３４万人で、１年以上失業している人は１２１万人と、比較可能な02年以降で最多でした。年齢階級別に見ると、15～24歳の完全失業率は高卒13・1％、大卒8・2％、短大・高専卒7・7％。55歳以上は順に4・5％、3・8％、3・0％だから、若い失業者のほうが3倍近く多い。**中高年が会社や役所にしがみつき、若い人たちがその煽《あお》りを食っている。**これも日本の大問題の一つです。

中田　僕が市長になったとき、横浜市の行政職員は3万4000人もいた。それを7000人減らし、最終的には政令指定都市で断トツに少なくしたんです。たとえば勧奨退職制度で退職金を割り増しにして30代から早期退職を募集しましたが、応募してくる人は当然少ない。いろいろな方法を試みたけど、結局は新規採用を控えるしかなかった。

現職は痛みがないから受け入れやすいけど、若い人の就業機会をつぶすわけだから、僕は実に忍びなかった。でも、今後きちんと定期的な採用をしていくためには、一度は徹底的な〝在庫調整〟を断行するしかない。それを避ければ避けるほど賃金が膨大な集団になってしまう。若い人には申し訳ないけど、法律上、それしかやり方がないんです。

竹中　今日も私は大学の授業でこの問題を話したんですけど、若い世代を取り巻く環境には、大きく異なる二つの側面がある。一つは**明らかに豊かな時代**です。私たちは大学を出たらみんな働かざるをえなかったけど、今は働かないという選択肢すらある。バイトでちょっとおカネを貯めればパソコンを買えるし、海外旅行にも行ける。

もう一つの側面は、**現行制度のしわ寄せがもっぱら若い世代に集中している。**これは間違いない。とくに**民主党政権になってから、自治労の意向を反映して公務員制度改革とは名ばかりのひどいことをやった。**中央省庁の天下りを減らす代わりに、職員を丸抱えにして出ていく人を減らしたから、入ってくる人を少なくせざるをえなくなった。**雇用が大切だという政府が、霞が関官僚の新規採用を４割減らすというムチャクチャな話です。**

中田　現行制度を前提にすれば、必ず新規採用を控えようという話になってしまう。

竹中　年寄りの声が大きいという問題ですが、日本は社会保障費のうち年金にものすごいおカネを使っている。でも、**若い世代の社会保障にはほとんどおカネを使っていない。**本当に充実しなければいけないのは若い世代の社会保障。消費税の５％アップ分はこれに使うべきだと私は思います。しかし、先の税・社会保障の一体改革で消費税５％アップのうち若い世代に回るのは０・３％分くらいです。われわれより上の世代の社会保障を本気で充実させようと思ったら、とんでもない重税になる。これは諦めるしかありません。

若者は、中高年の悲観論を聞くな！

中田　いまおっしゃった二つの側面のうち、若者たちにばかりしわよせがいくという点ですが、当事者の彼らは怒りの声を上げていない。あまり考えていないんじゃないか、という気がする。豊かな社会で、実家暮らしなら慌てて就職する必要もないことに甘んじるというか、それを享受《きょうじゅ》して、真剣なチャレンジをしていないでしょう。

竹中　そうです。**若い世代は起業する人が圧倒的に少ない。**これは若い人の責任です。いま新しいビジネスを起こす環境は、昔と比べてはるかに恵まれている。ちょっと前まで起業しようと思えば1000万円、その前は3000万円の資本金がなければ、株式会社を作ることができなかった。小泉内閣で1円からやれるようにしたんです。

だからどんどん起業すればいい。就職せずに起業して成功した人は、われわれの世代には大勢いる。エイベックスの松浦勝人さん、パソナの南部靖之さん、エイチ・アイ・エスの澤田秀雄さんもそうです。今はチャンスがあるのに起業しようとしないわけです。それで地味な生活に甘んじている。もう車は持たなくていいとかね。気の毒な面と努力が足りない面と両方あります。

中田　教育のせいもあると思うんですが、みんな「閉塞感」「先行き不透明」というようなステレオタイプの言葉に、あまりにも素直に同意してしまっている。僕に言わせれば、先行き不透明は、成功体験のある人が環境の変化で従来のやり方が通用しなくなり、「どうすればいいのか。先行きが見えない」と頭を抱えるときの言葉ですよ。

まだ何もしていない若者たちは、成功体験も失敗体験もないいんだから、閉塞感も先行き不透明もない。**目の前に広がっているのは、インターネットによって自分の意見を全世界に発信できるという新しい世界。かつてなかった大チャンス**でしょう。昔は土地や建物を借りて店を開かなければ商売ができなかったのが、今ではパソコンがあれば商売もできる。**中高年が漏らすステレオタイプの嘆きに、簡単に同意しすぎ**ですよ。

竹中　おっしゃるとおり。**不確実とか先が見えないという議論は思考停止と同じ**だ、と私は思います。先行き不透明という議論にいつも反発している仲間がいて、彼が先日、中国で上海の人たちと議論したら、みんなイケイケドンドンで限りなく明るい。さすがに一言いってやりたくなって、日本では決して言わないんだけど、「そんなことをいうが、先行きは不透明じゃないか」とさえぎった。すると、中国人たちはみんな一瞬きょとんとして、「先行きは不透明に決まっているじゃないか」と言ったそうです。中国人のいうとおりなんです。

中田　中国の状況は、かつての日本の高度経済成長期と同じでしょう。

竹中　われわれの親の時代は、現在よりはるかに先行き不透明だった。先日も親父に「将来の見通しもないのに、よく子どもを3人も作ったな」と私は冗談を言った。でも、そうでしょう。大正生まれで、高度経済成長といったって、いつ倒産するかもしれない。それで和歌山の田舎で子ども3人を育てた。いまの若い世代は生活が安定していても、子どもはいらないとか、1人でいいとか言う。それで広い家に住み、毎年のように夫婦で海外旅行に出かけて優雅にやっている。だから、やはりおかしい。先行き不透明とか不安定な時代というのは、客観的な事実としておかしい。

中田　だから戦後、右肩上がりの時代が長く続き、右肩上がりのビジネスモデル、国家モデル、生き方モデルに、みんなどっぷり浸《つ》かってきた。中高年以上の人たちは、当時の経験が、いまだに抜け切れていない。その経験に照らして、先が見えないとか不安定とか言っているだけですよね。若者たちにしわよせがいっているのも事実だけど、そんな中高年の見方に染まる必要なんかない。もっとチャレンジしてほしい。

竹中　貧しい時代に子どもの数が多く、豊かな時代に減ることは、昔から経済学でも重要なテーマなんです。イギリスの経済学者マルサスは、アダム・スミス『国富論』の10年ほど後に、有名な『人口論』を書いた。これは、カーライルが「なんと陰鬱な学問（dismal science）か」と評した徹底的な悲観論。人類の将来は貧困そのものだ、と主張したんです。マルサスに言わせると、人口の増え方と食糧の増え方は違う。人口は幾何級数的《きかきゅうすうてき》に膨張するが、食糧の生産はそうならず、追いつかない。だから殺し合いや子どもの間引きが起こって貧困が絶えず、世の中は真っ暗になるという。

　ところが現実は、マルサスの予測とは正反対。どの先進国も「冗談じゃない。少子化で労働力不足だ」という状況になった。なぜかといえば、**人びとは豊かになればなるほど、もっと豊かになりたいと考えて、子どもの数を減らしたから**です。東京と沖縄を比べると所得がはるかに高い東京のほうが出生率は低い。豊かになればなるほど、もっと豊かになりたいと思って対応するメカニズムが強烈に働いている。この問題に日本の社会は直面しています。子どもが少ないから、若者の声は大きくならない。過去の成功体験にこだわる年長者の声にかき消されてしまう。

告発！大問題23「成長期は終わった」という意識をもてない！

中田　いま日本という国は、人間でいえば、どんな段階にあるんだろうという話を、僕は講演などでよくするんです。「皆さんの体は、いま成長期ですか？」って聞くんです。竹中さんも私も、とても成長期とはいえませんね。私の子どもは高校生と中学生ですが、これは明らかに成長期。私なりに自分の子を見て「ああ、これが成長期か」と思う定義は、**本人が意識しないのに勝手に成長している段階**ということです。

別に「今日は数学を克服するぞ」とメラメラ燃えて学校に行っているようには見えないけど、自然と何かを覚えて帰ってくる。母親の作った食事を毎日おいしいと言って食べて寝れば、別に背を伸ばしたいと思っていないけど毎日少しずつ背が伸びていく。友だちと街に遊びに行ってボーッとしているようでも、何かしら新しいものを見つけてくる。

竹中　成長を終えた大人は、そういうわけにいかない。

中田　われわれ大人は、ボーッとしていると新しいものは何も入ってこない（笑）。くだらないテレビ番組を見てゲラゲラ笑って寝れば、新しいものは何も入らず、毎日どんどん古いことを忘れていく。何も意識せず毎日食べて飲んでいれば内臓脂肪だけがたまっていく。成長期にある子どもは意識しないのに成長していくけど、成長期を過ぎた人間は意識しないことによって退化してしまう。**成長期を過ぎた人でも、意識して勉強や運動をしている人は、知識が膨らむし体力もつく。**重要なのは意識することですね。

竹中 そこで日本国はどうなのか。右肩上がりの成長期はバブル崩壊で明らかに終わってしまった。

中田 だから**日本という国は、意識して転換を図らなければいけない。**それなのに、いまだに、**かつてと同じ頑張りで何とかなると思っている人たちが大勢いる。**「以前と同じように頑張っているのに、伸びないいんだよなあ」と、首を傾《かし》げている人たちがいるわけです。

人口が減り始めた国内の経済は、どう考えても縮小していく。海外に目を転じれば、デジタル革命によって世界のどこででもビジネスができる。しかも人件費が違うから、中国や東南アジアで作った製品のほうが大幅に安い。日本で同じ製品を作っても必ず負けてしまう。だから同じ努力を続けてもダメだ、という段階に日本は入った。**もう成長期では**

ないんだ、と徹底的に自覚する必要があると思います。

解決しなくても、問題が蒸発する時代は終わったのだ

竹中　おっしゃることは、よくわかります。私たちは何気なく「右肩上がりの時代」という言葉を使いますが、その時代は普通にやりさえすればよかったんです。子どもが食べて運動して寝るようにね。経済学的にいえば「潜在成長力」が高い時代ですから、とてつもなく変なことをしない限り、誰でも成長できる時代だった。家を買う、テレビや冷蔵庫を買う、車を買うということを、日本人みんながやったんだから、メーカーは成長するに決まっていた。問題は、**潜在成長力が落ち、私たちの基礎体力が落ちてきたのに、マインドセットを変更できていない、**ということに尽きると思います。

中田　日本人が発想の転換をできていないように、**中央官庁も地方自治体も発想の転換ができていない。**役所の部や課の構成が経済成長期と同じだったら、おかしい。ところが電力のように、分野によっては戦時中の非常時体制のままを現在も続けている。

竹中　社会には常にいろいろな問題が生じます。でも私たちの社会は、その問題を必ずし

も解決してはこなかったんです。たとえば不良債権は昔もあったけど、不良債権処理をやらなくてもよかった。わざわざ処理しなくても増やさないようにさえすれば、経済全体が大きくなっていくから相対的に問題がどんどん小さくなり、しまいに蒸発してしまう。**高度成長の時代、右肩上がりの時代というのは、問題を解決しなくても自然に消えてしまう「蒸発の時代」だった。**この蒸発という概念が、とても重要だと思います。

ところが、右肩上がりの時代でなくなると、問題は意識して解決しない限り蒸発しないんです。

中田　個人の借金なんかもそうですね。みんな借金して家やマンションを買ったけど、インフレで経済がどんどん大きくなるから給料も上がり、簡単に返せた。デフレのいまはヘタをすれば給料が下がる。でも借金は変わらないから、ますます苦しくなっていく。

竹中　**いまは問題が蒸発しない時代なのだと、覚悟しなければならない。**

中田　格差についても同じ見方ができる。経済的な格差というのは昔のほうが明らかに大きかった。ジニ係数を見ても昔のほうが貧富の差が激しい。ところが成長期は、所得が前年から倍増する人もいれば10％しか伸びない人もいるけど、少なくともみんなが伸びる。みんな去年より今年のほうがいいんだから、格差をあまり感じないし、文句も出ない。

　ところが成長しない時代は、みんな去年と今年が似たようなもので、場合によっては悪くなる。そんな中で順調に儲けている人がいると、ある種ジェラシーを感じながら格差を意識することになるんですね。**数値データに基づかない〝感覚格差〟のようなものが、どんどん広がっている**と思います。

竹中　そこをちゃんと理解して、解決を図るのが経済リテラシー。いま私たちは、格差を問題にしてもあまり意味がない。問題にすべきは貧困で、**貧困に苦しんでいる人びとにはきちんと対応しなければならない。**そのようにマインドセットを変えていくには、政治のリーダーや専門家が、こうした問題について真剣に検討し、必要な考え方を社会に広めていかなければなりません。

告発！大問題24　政治にもメディアにも〝まともな対立〟がない！

中田　いま多くの人が、**自分の安定を自分で確保するのではなく、社会に求めていますね。**いい学校に入るとか、大企業や役所に入るという思考回路がそうでしょう。でも、大企業も役所も、自分の安定を求めて組織に入ってくる構成員が多くなると、その組織は必ず不安定になっていく。たとえば給料をもっと上げよ、もっと待遇をよくしろ、配置転換には応じないというように、組織に自分の安定に結びつくことばかりを求め、認めさせようとするからです。

でも、**自分の安定というのは、本来は社会や所属する組織がどんな状態になろうと、自分自身がしっかり生きていくことができる状態**のことでしょう。極端な話、会社が潰れても生きていく実力のある人が、もっとも安定している人ですよ。だから**教育の根本は人を自立させること**だろう、と僕は思います。ところが、家庭教育も学校教育も、自立にこそポイントを置かなければならないはずなのにまったく逆で、自立を妨げる教育プログラムになっている。**いい学校に入り、最終的に大企業や役所に入ってその庇護《ひご》を受けることを目的とする教育を、日本全国でやっている**わけだから。ここが大問題ですよ。

竹中　まったく同感です。おっしゃることは日本社会のキーポイントだと思います。私はゼミに入ってくる学生に、必ずサミュエル・スマイルズの『自助論』を読ませている。**自助自立こそが社会の基本**だということを、日本では教えていないからです。

中田　欧米の成功者たちの列伝で、序文の「天は自ら助くる者を助く」が有名ですね。日本では幕府留学生だった中村正直が翻訳し、明治4（1871）年に『西国立志編』として出版された。明治時代に100万部以上売れたベストセラー。竹中ゼミの必読本を100年前にみんなが読んでいたんだから。昔の日本人は、それなりに自助自立の気概を持っていた。

竹中　敗戦の焼け野原から立ち上がったときだって、貧しかったけど、その気概があったと思います。いくら政府に頼んでも何ももらえない。叩いたって何も出てこないという状況だったんだから。ところが日本は、1979年にアメリカの社会学者エズラ・ヴォーゲルが『ジャパン・アズ・ナンバーワン』を書いたあたりから、「日本は豊かなんだ」「豊かになったんだから、もうそんなに頑張らなくてもいい」という考え方が社会にしみこんでしまったように思います。

中田　その数年後の87年には、日本は一人当たりGNP（現在のGDP）でアメリカを抜く。「もうアメリカに学ぶものは何もない」とか「日本は世界一の債権大国だ」と言っていたのは、その頃でしょう。「日本の地代でアメリカが買える」なんて言ってはしゃいでた。でも実はバブル経済が広がりつつあって、90年代に入ってバブルが弾けるとあとはずっと下り坂。

竹中　やや持ち直したのは小泉内閣の２００３～07年くらいで、ずっと下り坂です。だから日本人が、日本や日本人に対して持っているパーセプション（認識）は、現実と大きく異なっている。

たとえば日本人は勤勉に働き、貯蓄意欲も旺盛だというでしょう。でも、**製造業の労働時間はほとんどの年でアメリカより短く、韓国より3割以上短い。貯蓄率もアメリカ並みに下がった。**だから日本人はウサギ小屋に住む〝働き蜂〟じゃない。**ウサギ小屋は以前のままでも、働いていません。**ＭＩＴのある教授が来日して「日本人は勤勉かと思っていたら違った。新幹線に乗ったらみんな寝ているじゃないか」と驚いていた。

中田　日本人は、自分たちが海外からどう見られているか、とても気になる。メディアも日本の出来事を海外メディアはこう伝えたという報道に熱心で、日本が誉められているとみんなホッと安心して嬉しくなる。そのくせ、自分たちの本当の姿をよくわかっていないんですね。

竹中　見てくれを気にするわりに、ここ20年ほどで変わった現実をきちんと見すえていない。これこそリテラシーの欠如ですよ。結局、社会というのはいつだって自分たちが自立してやっていくしかない。それを教えるのが真の教育です。いまは人に優しくとか、絆とか、日本が一つになるとか、みんな言っていますね。それも結構だけど、それ以前に**一人ひとりが自立することのほうが、よっぽど重要**です。

中田　福沢諭吉が言ったように、企業・自治体・国の自立や、政治・経済の自立も、個人が自立してこそですね。たとえば、いまさら社民主義や社会主義的な思考回路が時代遅れで役に立たないことは、大方の人たちはわかっているはず。でも自民党のいわゆる保守政治家とされる人たちにも、郵政改革を理解できない人が少なからずいる。これは、自立についての価値観がおかしいからですね。

竹中　自立ということを本質的にわかっていない。

市場は失敗するし、政府も失敗するものである

中田　自立を基本にすれば、**経済システムはなるべく簡素に、規制はなるべく少なく、税率はなるべく低くすべき**であることは当然です。そのなかで**個人なり企業なりがインセンティブを受け、モチベーションを上げていくことで、経済全体の富が増えて**

いく。これが日本が目指すべき経済面における保守だ、と僕は思う。

ところが、外交・安全保障や日本の歴史などに関しては保守層としてのコンセンサスが一致しても、経済分野では大きく分かれてしまう。かたや社会主義的な大きな政府論と、こなた自立を基本とする小さな政府論に対立し、同じ党内で足の引っ張り合いをする。だったら、それぞれのグループが目指すべきビジョンを明確に掲げて、厳として対立すべきだと思う。この点を整理しなければ、日本という国はアクセルを空ぶかししてコストを浪費し続ける状態から、いつまでたっても脱することができないと思います。

竹中　それがあるべき対立軸。おっしゃるとおり、もっと明確に対立すべきです。当たり前の話ですが、**市場は時に失敗します。**90年代はじめの日本のバブル崩壊や2008年のアメリカのリーマン・ショック、その前のサブプライム破綻もそうです。いま日本で格差が広がり貧困層が膨らんでいるのも、市場の失敗という可能性がある。

重要なのは、**市場が失敗するのと同様に、政府も失敗する**ことです。いまの日本政府が失敗続きであることは、子どもでもわかる。ほとんどの社会主義国の政府は失敗し、退場したわけです。**市場も政府も失敗する恐れがあるときにベストの選択は何なのか。**これが経済を考えるときの基本的なリテラシーです。ところが、自立せずに政府にもたれかかる政治家たちは、政府の失敗に思いが至らない。

中田　ずっと話してきたように、そのリテラシーが政治家にも経済人にもない。

竹中　亀井静香さんはよく「田舎のばあちゃんが郵便貯金をするとき、家にきた郵便局員におカネを預けていた。郵政民営化で、それができなくなる」という。これをマスコミは郵便局員の美談として伝えるけど、**預かり金を着服した不祥事なんて数え切れないほど起こっている。**「過疎の山間地では郵便局がなければ生活できない」ともいう。でも、それをいうなら、**八百屋がなければ生活できない。八百屋の設置を国が義務づけるのか、**という話になる。こう考えていけば、どこまでを政府がやり、どこまでを市場がやるべきかについての常識的な議論が始まるはずでしょう。ところが多くの政治家は考えていない。

中田　まったく同感です。亀井静香さん的な主張があることは認めましょう。ならば、その主張をどこまで受け入れるかで、政党が分かれればいい。**市場の大失敗があれば政府の役割を重視する。政府の大失敗があれば市場の役割を重視する。そんな対立軸と政権交代があればバランスが取れてくる。**イギリスもアメリカもそれをやっている。政府派と市場派の政治家は、自民党と民主党どちらにもいるし、社民主義者までいる状態です。これを**整理統合して、まともな対立を機能させ、失敗した政府が非を認めて交代するようになれば、日本という国はどんどんまともになっていく**と思うんです。

竹中　本当にそうですね。**同じような問題意識、対立の構造をメディアも持たなければいけない**と思います。朝日新聞と産経新聞の主張は真っ向から対立していい。あるべき対立軸によって自分の主張を打ち出すのであれば。でも反朝日だ、反産経だ、反読売だ、あるいは反NHKだと、感情的に反対したりくさしているだけだからダメなんです。

中田　政治・経済・社会のあり方についての各論の対立と、感情的な対立は、別次元の問題として仕分けしなければ。自民党は、国家観や歴史観という上位概念の部分では〝保守〟として基本的に一致し、政府論や経済観の部分で分かれている。民主党は国家観や歴史観という大きなビジョンの部分からして、バラバラの寄せ集めという感じがします。

告発！大問題25　大連立は何も解決しないのである！

竹中　いま話に出た自立についてわかっている政治家やわからない政治家たち、国家観や歴史観までもがバラバラな政治家たちが、大震災後に〝大連立〟するかもしれないという状況があった。この問題にも触れておきましょう。

中田　**大連立したって、僕は何も解決しない**と思います。

竹中　まったくそのとおりです。当時の首相・菅さんから自民党総裁の谷垣禎一さんに電話があったけれども、自民党にとって受けていいことは何一つないから断った。

中田　一緒に責任を負わされるだけの話。だってすぐに総選挙はできないですから。一時は菅さんが解散に踏み切るんじゃないかという憶測もあったけど、世論調査で内閣支持率が10％台と出て諦めた。でも、解散したところで何も解決しなかったはずです。

竹中　内閣不信任案が通るかどうかというとき、菅さんは不信任されてやけくそ解散をするという可能性もありました。

中田　不信任案が通れば、さすがに菅さんもこの非常時に選挙どころではないと総辞職をするのが常識です。まあ、菅さんの頭の中は全然わからないから、解散しちゃっていたかもしれないですね。

竹中　やろうと思えばできます。反対する閣僚を全員クビにして、自分が兼任すればいいんです。実際２００５年の夏に、小泉さんは郵政解散に反対だった農水大臣の島村宜伸さんを罷免《ひめん》して自分が兼務し、内閣の全員一致で郵政解散を決めた。あのときの閣議はおもしろかった。3時間かかったんだけど、われわれはほとんど待たされていた。解散を積極的に支持したのは閣僚17人のうち外務大臣の町村信孝さんと私の二人だけだった。

中田　町村さん、反対じゃなかったんですか？

竹中　「できればやめていただきたいが、総理の指示には従います」と賛成です。反対したのは島村さん、総務大臣の麻生太郎さん、それから行政改革担当大臣の村上誠一郎さん。3人が総理と一対一で話し合う間、みんな別室で待っていた。島村さんだけが最後まで折れず、結局、罷免されたんです。

中田　あのとき僕は、総理秘書官の飯島勲さんと連絡を取り合っていました。飯島さんに「衆議院を解散しても、郵政法案は参議院で否決されているんだから、問題は解決しないでしょう」と何度も言った。それが常識なんだけど、一度ダメとなったら一気に権力を失うケースの逆で、行けそうだとなると一気に大変化が起こった。国民が小泉さん支持に雪崩《なだれ》を打った。これは竹中さん、生意気な言い方をしますけど、さすがに先見の明があったんですねえ。僕は恐れ入りました。

竹中　おもしろかったのは、郵政解散後の選挙中に「これは勝つぞ」というのが見えてくる。選挙戦の終盤、参議院で郵政法案反対の口火を切った政治家が私に電話をかけてきました。「賛成に回りたいんだが、何かいい理由はあるか？」と(笑)。「えぇっ⁉　なにそれ」と思いましたけど。それが政治の流れというもので、まさに一寸先は闇なんです。

中田　小泉さん、やっぱりわかっていたんでしょうね。衆議院を突破できれば参議院も変わらざるをえないと。総選挙は国民投票そのものですから。

竹中　直近の総選挙こそが民意だと。ただし「選挙に勝つかどうかは、わからない」と、ずっと言っていた。そこは〝賭け〟です。命懸けで勝負に出たんです。

中田　小泉さんを勝たせたのは、竹中さんが繰り返しおっしゃるように総理の〝覚悟〟に尽きますね。その覚悟が国民に伝わって流れが変わった。だって理屈からいったら……。

竹中　それは、もう相当に無理があった(笑)。

「大連立」は、民主主義を無視する暴論である

竹中　大連立の話に戻りますが、メディアは「こんな非常時に内閣不信任案を出すのはけしからん」と主張していた。これはムチャクチャな話だと思いませんか？

与党の役割は何で、野党の役割は何か。野党にできることなんて、実はほとんどない。**内閣不信任案の提出は野党ができる最大の仕事の一つ**です。「いまの政府はよくやっていると思うか」と国民に聞けば大多数が「やっていない」と答える状況なんだから、出すことには大義も名分もある。さらにいえば過去20年間、内閣不信任案は毎年提出されている。だから野党ならば出せばいい。民主党も野党時代、毎年不信任案を出していた。与党は粛々《しゅくしゅく》と否決すればいいんです。政治の混乱は不信任案のせいではない。与党内がモメたせいですから。

中田　大連立をけしかけたのも、どこかの大新聞のオーナーだとか。

竹中　11年5月から6月にかけてしばらくの間、新聞を読む限りでは必ず大連立が始まるとしか思えないような状況だった。でも、大連立なんて簡単にできるはずがないし、原理原則からいっても断じてやるべきではない。**与党は与党の責任を、野党は野党の責任を果たすべき**です。メディアは「談合は悪い」と言っておきながら「大連立という大談合をやれ」というんだから、論理が一貫していない。

しかも経済界が、混乱に拍車をかけている。前にも言ったように「個人的には、（法人税の）切り下げはやめてもらって結構だ」と経団連がいうのは間違い。経団連のトップが

「挙党一致、与野党一致の協力をやりながら復興に取り組んでいただきたい。大連立しかない」というのも間違いです。**政治や民主主義のあるべき姿をまったく無視した暴論。**世界を見わたせば、**議会が二院制でねじれている国なんて珍しくもなんともない。**

中田　アメリカは大統領選挙と中間選挙が2年おきだから、中間選挙は大統領を出せなかった政党がたいてい勢力を盛り返す。いま民主党オバマ政権の政策に、共和党が優勢の議会が、ことごとく文句をつけている。増税は認めない、これ以上国債を出すのはダメだと。米国債の債務不履行が心配されたほどで、徹底的にねじれていますが、民主党と共和党は談合して一緒にやるべきだとは誰一人言わない。

竹中　**ギリギリまで自分の主張を貫いて、徹底的に対立する。それが議会の役割であり、結論まで時間がかかっても民主主義の最善のやり方**です。まず与党が「こうしたい」と言い、野党は「ここがダメだから反対だ。こう変えれば賛成する」と対案を出す。その両方を見て国民が判断する。その当たり前のことをやらず一緒になっても、与野党連立政権は前より大勢で子どものサッカーをやるだけの話です。

中田　経団連が大連立を促すのは何も決まらない政治停滞に辟易しているから。あれほどの大震災があったのに、与野党は水掛け論や批判合戦を続けて法案が出てこないし、原発処理も遅れている。アメリカはじめ各国やマーケットも、大連立でも何でもやってさっさと前に進んでくれと思っている。答えを待たされている側はそうでしょうけど、**重要なのは答えの中味**です。そこを問わないまま一刻も早く大連立という理屈はおかしい。

竹中　与野党が対立して国会で決まらないとき大連立をすれば、今度は内閣で決まらなくなるだけ。大連立のかけ声がしぼんだ後、東日本大震災復興基本法も11年度第二次補正予算案も通ったでしょう。衆参のねじれ状況でも、野党が納得できる法案は通ります。ねじれているならば、野党の呑むことができる案を出すのが与党の責任です。

居座る者を辞めさせられる制度を作れ

中田　それにしても東日本大震災は、実は民主党にとって大チャンスだった。**どうにもならないマニフェストを容易に撤回できる大チャンスだった。**子ども手当も高速道路の無料化も、「申し訳ないが、1000年に一度の未曽有の大震災によって、残念ながら当面は棚上げせざるをえなくなった」と言えたわけですよ。「間違っていました」と認めなくても。

竹中　最大のエクスキューズ、最大のチャンスだったのに、利用しなかった。挙げ句に11年度末に子ども手当廃止という無惨な結果に追い込まれた。アメリカは2001年の9・11で強い政治リーダーを求め、国民がガーッと結集した。ブッシュ大統領の支持率は50％から90％まで上がった。菅さんだって支持率を60％ぐらいにするチャンスだったのに、何もせず、みすみすチャンスを逃してしまった。

中田　野党党首に大連立を打診する電話なんかかけず、国民に「マニフェストのこれとこれは棚上げにする。国民には申し訳ないが非常事態だ。ぜひご理解のうえ復興に力を貸してほしい」と大演説して訴えれば、支持率は7～8割になっていたでしょう。

竹中　菅さんって不思議な人ですよ。これまですべて他力本願で運を拾った。小沢一郎さんがいたから総理になれた。その小沢さんが強制起訴されたから運気が戻った。外国からの献金問題を追及されダメになりかけたとき、大震災で息を吹き返した。ものすごく強運の人なんだけど、せっかくの運を生かすことができなかった珍しい総理大臣。

中田　何でも自分の手柄にしようと思うからじゃないですか、たぶん。「原発には詳しい」とか「エイズ問題で厚労省を締め上げたのは俺だ」と自信だけは強い。

竹中　でも、本当にこれをやりたいんだと心底から思っているものがない。脱原発も第二次補正予算案も、政権を1日でも長く維持したいというのが露骨な目的になっている。**日本の制度は、延命目的で露骨に居座る者を辞めさせられないものが多い**ですね。首相がそうだけど雇用も同じ。社員が「上司に評価されなくても、給料が下がってもいい。俺は絶対に辞めないぞ」と思ったら居座れちゃう。もともと〝契約〟の概念が希薄で、雇用は職員の生活の面倒を見ることだという考え方が強いから、辞めさせるための規定がないんですね。

中田　昭和の歴史を振り返れば、立憲政友会と立憲民政党が対立し、ケンカして足の引っ張り合いをさんざんやって、毎年のように首相が替わり、互いに譲らないうちに政党政治が国民から見放され、戦争に突っ込んでいっちゃった。このプロセスと、いまはよく似ていると、僕は危機感を持っています。この意味では、自民党も褒められたものではないですね。

竹中　与野党というのはコインの表裏で、与党がだらしないと野党もだらしなくなる。残念ながらいま、そうなっている。相手が大コケしている自民党も大チャンスなのに、それを生かしていない。自民党の政策を国民が支持している状況ではありません。

中田　地方をご覧なさいよ、という話だと思います。地方では首長と議会のねじれなんて珍しくもなんともない。そしてオール与党の自治体がどうなっているか。どこも要求を呑むばかりで借金を抱えてあっぷあっぷしている。**大連立なんてハナからダメだということは、地方を見ればわかる**でしょう。

竹中　だから民主主義の基本を無視していて、現実からも遊離した議論が、誰もおかしいと指摘しないままにふわふわと漂い、政治家もメディアもそれに振り回されている。ここがいまの日本の社会の非常に怖いところだと思います。

告発！大問題26 原発も防災もまともな危機管理を考えていない！

中田　現在進行中の問題ですが、原発についても話しておきたい。**そもそも日本は現在のままの原発政策で突き進んでいいのか。**ここは僕は強い疑問を抱いています。この機会に大転換すべきだという点では、前首相の菅さんとあまり違わない考えですね。

原発は技術的にきちんとコントロールでき、われわれが責任を負いきれる代物なのか。この視点で世界を見わたせば、原発の後始末をできる体制を作っているのは、アメリカとフィンランドだけでしょう。この2国だけは核廃棄物を地中深く埋めるという最終的な解決策を持っているけど、それだって10万年という時間寝かせて、ようやく「安全になるかもしれない」という解決法です。10万年ということは、今から遡《さかのぼ》れば旧人類の時代だから、これもとても責任を持った最終処分とは言い難いと思います。原発が盛んなフランスですら、後始末の体制は不十分です。福島原発でも、使用済燃料をプールで大量に一時保管していた。本来は中間処理施設に持っていき、その後に最終処理となるんだけど、中間処理施設すらもできていないと。

竹中 原子炉と同じ建物にあんなプールがあったなんて、みんな初めて知って驚愕した。3・11以降、原発がおかしくなったというテレビ報道で原子炉の構造図が出たけど、しばらくはプールなんて影も形もなかった。次々と水素爆発を起こしてからですよ、説明図が出たのは。

中田 **日本では、そもそも使用済燃料をどうするかまでトータルで考えたとき、原発に対して責任を取れる体制になっていない。**そのうえ電源が津波をかぶっただけで、もうおしまい。たった数時間、全電源を喪失しただけで爆発するなんて、誰一人想像しなかった。非常用電源は近くの高台に小さな火力発電所でもあるのかと思ったら、どこにもない。ようするに「危機は絶対に起こらない」ということが大前提だった。

でも、**「危機は起こらない」と考える危機管理なんて、ありえない**でしょう。あらゆるケースを想定するのが危機管理。泥棒は絶対に入らないと決めてかかる警備会社なんてない。**この国は、安全という土台があって初めて、その上に経済的な繁栄が築かれるというごく当たり前のことを忘れて何十年もやってきた。**これは日本の大問題だと思う。

竹中　ご指摘のように、原発に関しては、使用済み核燃料をどうするかという仕組みがありません。これは、すべてのつけを将来の世代に回していたと言える。**原発は一見すると省エネで安い。安いけれども実は財政赤字と同じで、将来の世代の負担が非常に大きいものだったということが、今回の大震災をきっかけにはっきりわかった**わけです。

私は、この問題は東京電力のような民間企業では、どうにもならないのではないか。もう国が引き取って賠償まで含めてやるしかないのではないか、と思っています。ただし、**国が引き受ける部分を峻別し、引き受けない部分は徹底的に民間でやる。地域独占も徹底的に見直すべき**です。ところが、こういう問題をトータルで考えている政治家がいない。考えているのは、たぶん東電と経産省という当事者だけ。その両者が問題を握りつぶして、これまでどおりいい加減な政策をやろうとしているんです。

中田 僕は、**太陽光や風力だけでなく、地熱、小水力（マイクロ水力発電：小規模な水力発電）、そのほか我が国の技術力で新たな再生可能電源と蓄電技術をどんどん開発し、一つ一つの建物や地域が自己完結度合いの高い社会を作っていく国家戦略が必要**だと思います。**大規模集中発電型から小規模分散発電型への転換**です。電力の地産地消《ちさんちしょう》とも言える。今後10年から20年かけてその割合を高め、その間は原発を併用しながら徐々にその割合を減らしていく。一方で、さまざまな用途への原子力の可能性は高いので、技術水準はむしろ高めていく必要があるから、原発をすべてなくすことには反対です。

シナリオのあるヤラセ訓練で危機に対応できない

中田 危機管理といえば、地方でも国が参加する防災訓練がありますけど、明らかに形骸化している。竹中さんも閣僚のとき出席されたことがあるでしょう。全部シナリオが決まっているヤラセ訓練で、本当の危機を想定していないことが、よくわかります。

竹中　9月1日の防災の日ね。決まった台本を読み上げるだけですよ。

中田　横浜市長になった直後に災害訓練の会議があった。年に何回か防災会議というのがあり、市長が本部長であり会議の議長なんです。会議では「被害状況の報告を求めます」と市長が言い、水道局長や健康福祉局局長が順番に事前のシナリオに沿った報告をする。台本では、一巡したら「質問はありませんか？　とくにないようですから、次の議題に入ります」と市長が発言することになっていました（笑）。ムチャクチャだなこれは、と思った。

そこで、最初の年は台本どおりに付き合ったけど、次の年に僕は「質問はありませんか？」と言ったきり、黙ることにしたんです。1分待つと決めて黙り込んだのですが、誰も口を開かなかったので、「では、私が聞きます」と言って質問しまくった。それを繰り返していたら、やっとこちらの意図を察した局長が「では」と手を挙げて発言し始めた。その後の会議では、質問がどんどん出るようになって、シナリオどおりのシャンシャン会議の予定時間では終わらなくなったくらいでした。訓練でも聞くことはいっぱいあるんです。「鉄道が不通になった場合、横浜駅で滞留している人に市バスを何台振り向けることができるか」とか、**想像をかきたてていくことこそが訓練**だと思うんです。

竹中　それはトップがやるべきことです。職員には嫌われるでしょうけど。

中田　ついでにいうと、**横浜市は震度3以上ならば、自動的に防災訓練を始めることにしました。**震度3で、担当の職員は真夜中でも役所に集まらなければいけない。すると訓練がいつ始まるか、わからない。そのときどきでタクシーをつかまえたとか、歩いて何時間かかったとか、リアルな訓練ができる。これは現在もやっています。もちろん、いざというときにタクシーがあるかどうかは別ですが、緊急事態を想定した緊張感を常に持っておくことが重要です。

竹中　ランダムな抜き打ちの避難訓練は、おそらく三陸のいくつかの町でもやっていたと思います。今回はこの地区で寝たきりのおばあさんをうまく運べなかったとか、そのつど反省して、それで救われた人も少なからずいたはずです。だから**危機を想定するというのは、一種のイメージトレーニングなんです。**オリンピックでも、金メダルを取るのはイメージトレーニングを徹底的にやった選手。英語では救助訓練をレスキュー・ドリルといいますけど、ドリルの中にイメージトレーニングを導入する必要がありますね。

隠すのではなく「わからない」と言え

中田　原発問題では、情報コントロールにも大失敗した。メディアは、官邸にも保安院にも東電にも聞くし、東電については本店にも福島の現場にも取材していました。でも、情報を出す側がそれぞれ違うことを言うから、国民はどれを信じてよいのかわからない。不安は高まるし風評被害も広がる。**日本政府が最初から一元化した情報を出すことができなかったのは、日頃から危機管理を考えていないから**ですね。

竹中　おっしゃるとおり。役所の縦割りのまま、バラバラにやっただけです。

中田　菅さんは記者会見から逃げまくっていたし、官房長官もほとんどが後手後手の対応でした。想定問答集のようなペーパーができあがらないと、情報を発信できなかったのでしょうね。

竹中　ある時点まで東電も保安院も「事故はレベル5」「メルトダウンはしていない」「原子炉は健全」と言い張っていた。でも、炉内の水位が何メートルで長さ4メートルの核燃料棒のうち露出部分が何メートルという発表は、すべてデタラメでした。その後メルトダウンが早い段階で起こり、溶けた核燃料が下に溜まっているとわかった。でも、原子炉のどこに亀裂があるのかないのか、配管のどこから放射能汚染水が漏れているのか、本当のところは依然としてよくわからない。リスク・コミュニケーションの最大の問題は、**わからないときに何と言って発表するか**ですね。

中田　それは「わからない」と言うしかないでしょう。専門家でも原発の釜の中に入って見ることはできないんだから。それで被害が出るか出ないかわからないときは、出るかもしれない場合に備えて、住民を強制的に避難させるしかないと思います。

竹中　わからないときは「わからない」と言うべきか。わかっているような顔で「問題ない」と言って国民の不安を抑えるべきか。一つ確かなのは、わかっているような顔をしても、実はわかっていないというのが、すぐに知れてしまうこと。その場合は嘘をついていたことになるから、失う信頼がものすごく大きい。この政府が失う信頼と、わからないと正直に言ったとき国民が抱く不安は、どちらが問題なのか。**両者を天秤にかければ、わからないときは「わからない」と言うほうがいいという結論になる**でしょう。

中田　政府は、校庭で許容できる年間放射線量、家畜の飼料に使うわらの汚染、原発から離れているのに放射線量が高い「ホット・スポット」の問題など、いずれもリスク・コミユニケーションに失敗して国民の不安や不信感を増大させてしまった。「風評被害」と一言で片付けているけど、**政府の情報管理が後手後手のせいで拡大してしまった被害が少なくない**でしょう。

とくに危機のときは、**入ってきた情報を順番に正確にキャッチして、わからないことについてはわかり次第発表することを伝えながら、最悪の事態に備えた行動をとっておく。もし、事態が最悪でなければ、徐々に厳戒態勢を解除していく**というのが危機管理です。「緊急時は、空振りは許されるが見逃しは許されない」と腹を据えておくのがリーダー自身の危機管理なんです。空振りで非難されても仕方ない。

竹中　私は、わからないとき「わからない」と言うべきかどうかに関心があって、小泉さんに会ったとき聞いてみた。小泉さんは「ケース・バイ・ケースだな」と即答しました。わからないとき普通は「わからない」と言う。ただし緊急を要する、たとえば戦争のような突発的な一大事で国民をまとめなければいけないとき、トップが「わからない」と言ったら誰もついてこない。わかった顔をしなければいけない場合があるんだ、と。

大事なのは、日頃から危機管理についてイメージすること

竹中　小泉さんに「国会答弁などで相手にパッと切り返すのは、どうやったらうまくいきますか?」とも聞いたら、「相撲の立ち会いと同じだ」と言った。相撲取りというのは、立ち会いのとき右に回って上手を取って……なんてことは考えない。一瞬でいかようにも対応できるように稽古しているんだと。これを聞いて私は、ああ、小泉さんは歴史小説を読んだり歌舞伎やオペラを観たりしながら、イメージトレーニングをしているに違いないと思った。これがたぶんリーダーに求められる資質ですよ。

中田　それは政治リーダーだけでなく、会社や家庭のリーダーでも同じですね。たまに鉄道のホームから転落して亡くなってしまう人がいるでしょう。あれ、僕は電車に乗るときに、いまここで誰かが落ちたら自分はどうするかって、いつもシミュレーションしているんです。まあ、そんな人は、そう多くはいないと思うけれども（笑）。

竹中　いやいや、それは大事。とても大切なことです。**市町村のトップが、いまここで地震が起こったらどうするかと日頃から考える癖のある人だったら、その自治体**

は東日本大震災の犠牲者をもっと減らせたかもしれないという話ですよ。

そういうことを考えるのには、地震対策マニュアルを読むのもいい。私は京都大学の先生が書いた本を読んで、とてもおもしろく役に立った。読んだお陰でＮＴＴの伝言ダイヤルを控えて、家族にも周知徹底した。それから巨大地震のあと、いちばん困るのは水、とりわけトイレの水であると。本には、室内が湿気ることは覚悟して風呂の水を流さず溜めておけとあったから、実践することにしました。

中田　うちもそうしています。

竹中　地区ごとに給水ポイントが決まっていることも初めて知って、近所のポイントを確認した。そこに給水車が来たときどうするかというので、９８０円のポリタンクを2個買いました。Ｌ字金具やチェーンで家具を固定するとか、非常食や懐中電灯や消火器を備えるのも基本ですが、そういうことをコミュニティで徹底したらいい。中田さんは市長として存分におやりだと思うけど、市町村や区役所が耐震工事に補助金をつけるとか、何を貸し出すとか、ずいぶんいろいろな制度があることもわかった。マインドセットとイメージトレーニングで、そういう制度をどんどん活用すべきですね。

中田　市町村には地域防災拠点があって、学校や公園だったりするんですが、倉庫の中に炊き出し用具から乾パンから毛布から、いろいろ入っている。9月1日の防災訓練でどんどん出して使えと僕は言った。それまでは乾パンなど賞味期限があるものだけを入れ替えて、機材などは大事にしまって使わないということが結構あったと聞きます。**いざというときのために、日頃から使ってみなければダメですよ。**

あと僕が口癖のように言っていたのはトイレ。「みなさん、大震災が起きたら必ず一つだけ守ってください。絶対に水洗トイレは使わないでください」と。トイレは最初の1回しか使えない。1回流れたからしめたと思うと、2回目以降は流れなくなる。だから、庭がある人は穴を掘ってくれ。マンションやアパートの場合は、便器にビニール袋を仕込んでくれと。阪神・淡路大震災のとき、あちこちのトイレがてんこ盛りになって、公園のトイレなんて最悪でした。衛生環境が悪くなるだけでなく気分的にもおかしくなってくる。食事ができなくなってしまう。

竹中　トイレの問題は、私が読んだマニュアルでも非常に強調されていました。**大きな企業はやっていると思いますが、中小企業、病院や学校、地域コミュニティなどでもCDO（Chief Disaster Prevention Officer＝防災対策責任者）を決めて、対策を徹底していく必要がある。**中田さんもそれに近いことをやられたと思いますけど。

電力の自由化も必要だし、環境税を課して得られた資金を環境保護の技術開発のために使っていく必要もある。どちらも何年も前から言われていることで、あとはいかに実践するかだと思います。

告発！大問題27 政府と大衆に媚び、事件しか報道しないメディア！

竹中　大震災報道は民放テレビの視聴率がとても低かった。一人勝ちだったのがＮＨＫです。野村総合研究所のアンケート調査によると、災害関連の情報はＮＨＫかネットから得た人が多く、民放はあてにされなかった。現実の視聴率がそれを裏づけていますし、とりわけ**民放の原発報道は、東電が巨大スポンサーだから当初完全に腰が引けていました**。みんな民放を見ないで何を見ていたかというと、レンタルビデオがやたらと流行ったんです。

中田　番組がつまらないから、当然ですよね。

竹中　政治が悪いけどメディアも悪いという話が繰り返し出たから、しばらくメディアについて議論しましょう。

中田　日本のメディアがかかえる最大の問題は〝**悪しき中立性**〟だろう、と僕は思っています。とくに茶の間にダイレクトに入ってくるテレビは、電波を占有する免許事業でもあるから、言論機関ではなく報道機関としてより中立でなければいけないとされているわけですね。問題は、**その中立性を確保しようとして、人が決めた基準に便乗すること**。しかし、自分たちで基準を決めることは避けている。新聞も含めてですが、とくにテレビですね。たとえばウィーンの何とかピアノコンクールで入賞すれば、大きく報道する。同じ人が日本国内でどんなに頑張っても、まず報道されない。

竹中　ノーベル賞の報道も、あまり知られていない研究者がもらって大騒ぎをする。ノーベル賞をもらうほどの学者の業績は、もっと紹介されていいはずだと思うけど、もらうまでは報道がない。マスコミの人たちは基準がわからないから、報道してよいというお墨付きがほしいんです。もっとも、ノーベル賞をもらった後に文化勲章をもらう人が少なくない。ノーベル賞のほうが格上だから順序が違うんだけど、あれも文化勲章を決めている役人に見る目がないいんですよね。

中田　典型的なのは犯罪報道で、逮捕された、書類送検された、起訴されたというのは、警察なり検察官なりが「悪い」という判断を下しているわけです。これは何のリスクもないから、喜んで発表されるとおりにそのまま報道する。その逆も真なりで、「よい」ものを報道するときの判断は、ノーベル賞のようなお墨付きはリスクがないからみんな報じる。でも、**賞をもらっていないのに「よい」と報じるからには、説明責任をともなうから、責任を取りたくない**わけです。

竹中　おっしゃることはメディアの本質を突いていると思います。あえて付け加えれば、報道に求められるのは〝中立性〟ではなく〝**独立性**〟なんです。中立性は足して2で割るというか、左右の中間点に位置すること。たとえば原発問題で正当性を語る人と反対論を語る人がいたら、両方連れてきて話をさせる。いわゆる両論併記。ＮＨＫが典型で、両者のコメントの秒数まで合わせる。なんでこんなにわかってない人を連れてくるんだと思うような人も出す。イラク戦争開戦の２００３年３月、ＮＨＫ報道局で戦争反対のデモを取材したいと記者が申し出たら、上司が「それはいいが、必ず戦争賛成デモも取材して同じ尺（長さ）で流せ」と言った。そんなデモは存在しないから、当然この取材は没になりました。こういうのが中立性です。

一方、独立性は、さまざまな利害から独立して自分で判断するということです。国民経済のためにはこの政策がよいと、自分で判断する。これが実はメディアに求められる役割なんです。放送法の第1条には「放送による表現の自由を確保する」という表現がある。民主主義を否定する独裁政権が登場したら、テレビは中立性なんてかなぐり捨てても民主主義を守れというのが、放送法の本来の精神なんです。

中田　独立を貫くつもりなら、**メディアは自分が正しいと思う人だけを連れてきて正論を語らせればいい。**さまざまな意見を伝える役割があるから反対論も一緒に紹介するのは結構だけど、秒数まで同じにする必要なんかないですよね。

竹中　**独立性を貫き、政府からも大衆からも距離を置くのが、メディアのまさにメディアたるゆえん**です。「媒介するもの」というのが、メディアのもともとの意味なんだから。日本のマスコミは、その意味で十分独立していません。

第一に、**政府に媚びている。**権力から距離をおかない最たる証拠は、政府から部屋をもらって作る記者クラブ。昔は電話代や水道光熱費まで役所持ちだった。それに政府から指名されると喜んで審議会に出る。発表の手段を持つメディア関係者が審議会に加わってはダメです。大新聞のトップで審議会委員だと自慢する人がいるのは、本当におかしなことです。第二に、**大衆に媚びている。**だからくだらない番組をいっぱい作る。第三に、これは民放テレビの話ですが、**スポンサーに媚びている。**

中田　逆に政府の立場からすれば、どうやってメディアを巻き込んで、自分たちと同じ穴のムジナにしておくか、が重要なテーマになる。記者クラブで一部のメディアを優先したり、懇切丁寧なニュースリリースを書いたり、審議会のポストを用意したり、税制を優遇したり。首相の外国訪問に同行する記者に背広仕立券を贈るのって、本当にやっていたんですね。

竹中　そのとおりです。独立という気概がなくなった。自由民権を主張する明治初期の新聞なんて、まさに独立自尊。議員の演説を紹介したあとで「と、かくのごとき愚論を吐けり」って調子だった。これが、まったくなくなってしまった。

関心があるのは暴露的な情報だけである

中田　メディアに関連して、情報公開について思うことがあります。破綻した夕張市は、赤字の穴埋めをするために「一時借入金」を借りまくり、借りては返しまた借りてという自転車操業を繰り返していた。実態がよくわからないように、巧妙に帳簿を操作していたわけです。だからこの例を聞いてみんな情報公開が必要だ、すべて公開せよと叫ぶ。それはいいんですが、**情報公開すれば市民はちゃんと見てくれるのかといえば、これが見ていない**んですよ。

竹中　これはとても重要な問題です。自民党政権の末期は、非常に積極的に情報公開をしていたんです。経済財政諮問会議の議事録は3日後に公開するし、記者会見でも伝える。ところが、読んでいる人はほとんどいなかった。これまたリテラシーの問題で、**情報と一般の人をつなぐプロフェッショナルがいない**んです。

中田　それこそマスコミの役割なんじゃないですか？

竹中　マスコミがプロフェッショナルを連れてきて、読み解かせるべきです。ところがメディアは、記者自身がよくわかっていないから、わからない人を連れてきてしまう。**日本には、専門家とされる人でも本当にわかっている人がものすごく少ない**というのも事実です。エコノミストというけど経済学の博士号を持っていない人がほとんどで、エセ・エコノミストがはびこっている。アメリカでは考えられないアマチュア社会。メディアがそういう人を使うから、ニュースを見てもわけがわからない。**野球評論家はみんな野球選手出身だけど、政策評論家は政策をやったことがない人ばかり**でしょう。

中田　僕は横浜市の財政をできる限り透明に、オープンにしようと思って、一般会計以外の特別会計や企業会計を全部公開しました。こうなっていると一生懸命説明したんだけど、メディアは本当に無関心。問題点を見抜く人もいない。**メディアは情報公開を叫ぶけど、結局のところは、暴露的な情報をほしがっているだけ**ですね。

竹中　暴露的とおっしゃったけど、**結局みんな〝事件記者〟**なんです。経済記者ではなく経済事件記者だし、政治記者ではなく政治事件記者。で、経済の情報ではなく経済事件の情報を求める。政治の情報でなく政治事件の情報を求める。

中田　政治事件は、政治家の失言、足の引っ張り合い、解散の時期、政局なんかがそうですね。でも、政治の中身には興味が薄い。

竹中　政治の具体的な中身である政策について、ちゃんとした報道が少ないでしょう。記者が独自に取材した結果「職員の不満、鬱積《うっせき》」と書くならまだわかるけど、面倒くさいし、書く勇気もないんでしょう。まあ、だから事件ですよ。アンケート調査なんて5年くらい続けてみて、よくなったか悪くなったかおおよそどちらかな、と評価するものです。ようするに、市の広報を利用して大衆に媚びる記事を書いたわけです。

中田　ただ、大衆というか読み手側が、本当にそんな情報を欲しているのかどうか。

竹中　それは考えず、どうだ、こんなひどいことになっているぞと煽っている。

中田　読み手側は、メディアが言ったり書いたりすることは表面的で嘘みたいな話ばかりだから、ずいぶんフラストレーションがたまっていると思うんです。

問題の本質を見抜くリテラシーを身につけよう

竹中　でも、おもしろいことを言う人がいましたよ。テレビ朝日の『報道ステーション』を「古舘伊知郎は、今日はどんな嘘を言うかな」と思いながら見ていると（笑）。そういう人は関西に多いらしい。あの番組、関西のほうが視聴率が高いのかもしれない。

中田　なるほど。東スポ現象みたいな感じかな。『東京スポーツ』は、宇宙人発見とかカッパがいた的な記事があっても、読み手は本当ではないことをわかって読んでいる。

竹中　どんなおもしろいことを書くかと思って見ている。でも、東スポが読者に宇宙人がいると思わせても、どうってことはない。罪のない冗談で済む。でも、夜のニュースがバカな話を流すと、何百万という人が見ますからね。

中田　冗談では済まなくなってくる。

竹中　さきほどアマチュア社会と申し上げたけど、わかりやすい例が役所の審議会です。前にも話したように、審議会は〝行政の隠れミノ〟でアリバイ作りだから、普通は中立を装って必ず反対側の人を入れるんです。でも、私が大臣のときは「間違った考えの人を入れる必要はない。わかっている人だけをメンバーにしてくれ」と事務方に言った。竹中は偏っていると言われるんだけど、わかっていない人の意見を聞いても仕方がない。そんなアリバイ作りはやめないと、いい政策なんかできませんよ。

私が大変好きな言葉があって、「**バカは何人寄ってもバカである**」というんです。私の恩師である佐貫利雄博士が、ベンチャー企業が登場してきた1970年代に語った言葉。その頃は日本開発銀行におられたと思いますけど、ベンチャーは優れた人が一人いれば、すばらしい事業ができる。しかし、ただ人数が多いだけの大企業は何もできない。つまりバカは何人寄ってもバカである、というふうに言ったんですね。テレビを見ていると、この言葉を思い出す瞬間が実に多い。

中田　テレビは、人びとが興味を示す政治の話題は、失言とか不祥事とか、そこから派生した与野党のケンカくらいだと思っているんでしょうかね。本質的な問題や、過去を遡《さかのぼ》って検証したり、将来を見通す必要があるような問題には、ほとんど目を向けない。

竹中　現在進行形の〝事件〟の表層だけですよ、テレビが興味を示して追いかけるのは。こういうのを英語で何というか、現モルガン・スタンレーMUFG証券日本担当チーフアナリストのロバート・フェルドマンに聞いたら、「アンビュランス・チェイサーでいい」と言っていた。直訳すれば「救急車追っかけ人」で、アメリカでは事故の後にすぐ現れる弁護士を揶揄《やゆ》する言葉だけど、メディアに使ってもいいだろうと。

中田　そんな事件至上主義の思考回路でものを見ていると、結局は自分が損するだけだと思う人を、一人でも多く増やす以外、打つ手はなさそうですね。竹中さんがおっしゃるリテラシーを高めていくしかないでしょう。

告発！大問題28　感情むき出しのネットが、社会を乱暴にしている！

竹中　既存メディアに続いて指摘したいのは、**インターネット（以下ネット）が社会をすごく乱暴にしている**という問題。私たちは面と向かって話しているときは、互いに暗黙のマナーみたいなものがあって、あまり品性下劣なことは言いません。たとえば私と話していて「お前はアメリカの手先だろう」とは、仮に思っていても普通は言わない（笑）。ところがネットでは、そういうことを平気で言う。**匿名性《とくめいせい》を盾《たて》に、人間の本性がむき出しになったような品性下劣な言葉を書き込む**わけです。中田さんも、ネットで誹《ひ》謗中傷《ぼうちゅうしょう》された経験がずいぶんあるでしょう。ネット社会の悪しき面、乱暴狼藉を働く側面が、社会に大きな影響を与えている。**社会が、露骨な情念むき出しのとても粗野な民主主義になってきた**ように思うんです。

中田　それは本当にありますね。ツイッター利用者に占める実名の割合は、せいぜい1割くらいじゃないですか。普通はみんなハンドルネームです。言いたいことを自由に言ってやるぞと思っているからでしょう。早い話ハンドルネームだけでは、男か女か、子どもか大人かすらもわからないんですけど。

竹中　『国富論』を書き「神の見えざる手」で有名なアダム・スミスは、実はこの言葉を自分では一度も使っていないんです。そもそも彼をヨーロッパで有名にしたのは、若いときに書いた『道徳感情論』（1759年）という本でした。彼の着眼点は、なぜ世の中の秩序は保たれるのか、なぜ法律を作ろうとみんな思うのか、そしてなぜその法律を守ろうとするのか、といった問題です。わかりやすくいえば、なぜ私たちが人の物を盗らないかといえば、自分が盗られた立場に立って考えるからで、そのことが人びとを自制させている。これがアダム・スミスの主張したことなんです。

しかし、**社会の基盤にあったそんな道徳感情や情操が、ネットによってかなり崩されていると思います。自分でちゃんと情報収集したうえで民主主義に参加し判断していくのではなく、あくまで民主主義の傍観者でいながら、自分の感情のおもむくままに気の食わない者に牙をむいてかかっていく。**チュニジアの「ジャスミン革命」に端を発した北アフリカやアラブ世界の反政府・民主化運動の背景には、フェイスブックなどを通じたネットの情報力があった。これは大いに評価すべきですよ。IT（情報通信技術）やパソコン・インターネット・携帯電話などが象徴する「デジタル革命」が限界費用のゼロ化を進め、世界を一つのマーケットにしていることもすばらしい。しかし、一方で人間の本性むき出しの状況が世界的に生まれている。

中田　ネットが基本ツールとして広がり、ネット・コミニュケーションが人間の精神に影響を与えて、リアルな現実社会も変わりつつあるんじゃないでしょうか。いつの時代でも若者は大人に反発し暴走するものだけど、昔であれば親の顔や近所とか世間をどこかで意識して、ここまでやっていいかという道徳的な逡巡《しゅんじゅん》があったと思う。この問題を僕は市長だったときつくづく考えましたけど、最近はすぐ「文句があるなら法整備しろ」という議論になってしまう。法律がないなら好きにやるぞとね。道徳というのは一人ひとりの内的な規範やルールだと思うのだけど、それがなくなっちゃった。だから法律で一線を引けという話になってきたんだ、と僕は感じていました。

竹中　具体的には、どんな問題ですか？

中田　たとえば、道路でゴミを捨ててはいけないなんて当たり前のことだけど、わざわざポイ捨て禁止条例というのを作っているのもそう。あるいは、たばこを吸うマナーというのは、周囲の人との距離や風向きなどを考えて吸ってもらえばいいだけなのに、歩きたばこ禁止条例を作らなければならないというようなことですね。

竹中　なるほど。

中田　ところがこのところ、法律に触れるかどうかという話から、バレるかどうかという話になってきた。「バレなければやっちまえ」という感覚。ごく最近は、それがさらにエスカレートして、**捕まるか捕まらないかが問題という段階になってきた**ようなんです。車上荒らしは、駐車場に駐めてある車のガラスを割って中の物を盗む。アメリカだったらオーディオを盗むとか、日本だったらバッグを盗む。もちろん隠れてやるのが普通でしょう。ところが、大阪で最近始まった車上荒らしは、人が乗っているクルマを狙う。人が乗っているクルマの窓ガラスをガンガン叩き割って、「キャーッ!」とパニックになっている人からバッグを奪い取る。

竹中　アメリカと一緒ですよ、そこは。

中田　これまで日本にはなかったでしょう、そこまでやるのは。これは捕まるか捕まらないかという世界のやり口ですよ。道徳的感情が崩れ、ネット上だけでなく、現実社会における乱暴狼藉もエスカレートしているように思えます。

「一生懸命やっている人」と「水に落ちた犬」は叩くな!

中田　そのネットも、匿名社会だから下劣だとばかり言えなくなってきた。橋下徹さんが言っていたのは、大阪府の職員からひどいメールが届くと。「このバカ野郎!」とかいうメールがくるわけです。僕が市長のときも職員から何通もきて、いまもとってある。「死ね!」というのまでくる。

竹中　そのメールは、横浜市職員として、実名を明かして寄こすんですか?

中田　そこがポイントなんです、ふつう、そこまで言うときは匿名でしょう。ところが公務員の場合は実名で出してくる。部署も本人の名前も書いてあって、アドレスも別に隠してない。**完全に守られている人たちの強さ、絶対にクビにされることはないとわかっている人たちの開き直りなんでしょう。**前の阿久根市長ならば、そんなのはクビだとガンガンやったでしょうけど。

竹中　私が思うのは、**日本社会はネットでむき出しの本音が出てくる一方、本音がまったく伝わらない社会でもある**ことです。たとえば、マスコミ向けの公式発表が嘘くさいことは、現場の記者はみんなわかっている。同じ建物の記者クラブにいるんだから、この大臣は仕事なんか何もやっていないとか、勉強不足で自分の官庁の仕事すらわかっていないと知っているんです。でも、そんなことは新聞に書けない。本音で記事が書けないから、記者発表の要約だけが記事になり、読む読者には、さも立派な大臣なんだと思う人がたくさんいる。この本音と建て前のギャップが興味深く、また不思議なところです。

中田　一生懸命やっている人の足を引っ張るような批判と、その人がミスしたときの「水に落ちた犬は叩け」式の批判はすごい。だけど、**何もやっていない人に対する批判は、何もない。**メディアもネットもそうだから、政治家も官僚も経営者も事なかれ主義でチャレンジしない。ただ何年もやっているというだけで評価が上がっていくわけです。

告発！大問題29 リテラシーと想像力が低すぎる！

竹中　日本の大問題を論じるこの対談で、ずいぶん繰り返し口にしたなと自分で思うのは**「リテラシーの欠如」**という言葉です。リテラシー（literacy）は、もとは「言語による読み書き能力」を指す言葉で、日本語では「識字（力）」。ところが、情報化が進み、テレビ・ラジオなど紙以外の手段で膨大な情報をもたらすメディアが続々登場し、大きな影響力を持つようになると、単なる読み書き能力だけではダメなんだという話になってきた。「メディア・リテラシー」や「情報リテラシー」といえば、**情報メディアを主体的に読み解いて、その要不要や真偽を判断し、活用していく能力**を指すんですね。

中田　それがいま、さまざまな分野で、コンピュータ・リテラシー、金融リテラシー、会計リテラシーというようにリテラシーの各論が語られているわけでしょう。

竹中　私は、小泉政権に呼ばれたときから、さまざまな抵抗勢力と衝突してきましたが、いちばんの抵抗勢力は、郵政ファミリーとか郵政族議員というような目に見える集団ではない。それは、私も含めて誰の中にもある、**目先の小さな利益を失うことを恐れて汲々《きゅうきゅう》とすること。そういう態度や生き方、考え方そのものが最大の抵抗勢力だった**と思います。多くの人が郵政の民営化に賛成だったけど、東大も民営化すべきだというと、東大教授はみんな反対する。郵政民営化に賛成だった人も、今より科研費（科学研究費補助金）が減るかもしれないというだけの理由でね。目の前の小さな利益に汲々としてしまう心をみんなが持っていることが抵抗勢力の源だ、と私は思います。目先の小さな利益なんて捨てて、もっと大きな利益を手にしようというのが改革ですよ。

もう一つの抵抗勢力は、**リテラシーの低さ**。これは政官民、企業や個人、情報の出し手や受け手を問わずです。リテラシーが低いために、**悪意を持った反対派のキャンペーンが力を持ってしまう。**私は、同じことをあちこちで辛抱強く繰り返し繰り返し説明しましたが、それでも「いや、そんな話は、いま初めて聞きました」「なぜその説明をもっと早くしてくれなかったんですか」と言われてしまう。いや、私は毎日言っていますと（笑）。それがメディアに出てこない。その代わり、「郵政民営化で田舎の郵便局がなくなるとおばあちゃんが困る」なんて情緒的な問題ばかりが、語られてしまう。

中田　リテラシーというのは、僕も日本の問題点を語るうえでのいちばんのキーワードだと思います。一人ひとりがリテラシーを身につけて、自分が住んでいる自治体のことをもっとちゃんと見てほしいと思いますよ。でも、日本人は誰だって国民であり都道府県民であり市区町村民ですからね。一人がつねに国の財政も見る、都道府県の財政も見る、市区町村の財政も見るなんてことは、無理でしょう。そこは全体のマクロを見て勘所をつかむリテラシーが必要だと思います。

言い換えれば、**リテラシーが欠けていると、感性が養われていかない。**行列の先にうまそうなうどん屋があるとか、子ども手当で現金がいくらもらえるというのは、すぐに誰でも実感できる。しかし、1カ月先に食べられるおいしいものとか、国や地方の借金がいくら減るなんていうことは、実感には遠い。みんなここがすごく弱いと思います。

竹中　感性、イメージをつかむ力、想像力といったことですね。なんでもテレビのせいにするわけじゃないけど、本と新聞とラジオと写真と映画くらいしかなかった時代は、みんな本当の形はどんなだろう、細部はどうなっているんだろうと想像するしかなかった。だからかえって想像力が養われたんでしょう。一方、テレビやネットは現物の姿をそのまま見せるから、想像しなくて済む。

中田　とりわけ僕は、**新しいものに対する想像力に欠けている**と思います。目の前に存在する現物は、街並みから家電製品から何から何まで全部あるわけだから、想像力なんて関係ない。見て触って、いいとか悪いとか、自分もこういうものがほしいなと言えるんだけど、新しいものに対する想像力がわかないんですね。

竹中　だから、すべてが後手後手になるのは、当たり前の話です。

「抵抗勢力」とは「引越しが嫌いな人」たちである

中田　抵抗勢力についていえば、僕は引っ越しをするかしないかという話とよく似ていると思っているんですよ。「もっと陽当たりがよくて広い家に引っ越そうよ」とこちらが言うでしょう。すると最初は「本当に陽当たりがいいかどうか、わからない。隣にビルがあるかもしれない」とか、「本当にその広さでその家賃なの。毎年上がるんじゃないか」とか、「近所の様子だってわからないし」とか、いろいろと理屈を言うわけです。そこで、話をだんだん掘り下げていって、「いや、間違いなくいまの住まいよりいいんだ」と、間取り図を見せる、近所の写真も見せる、不動産屋に値上がり率の相場を確かめたりして説得する。
　すると、「やっぱり、住み慣れた家のほうがいいし」と最初と違う話を始める。結局、行きつく先は、ようするに引っ越しをしたくないだけなんです。要らない物を捨て必要なものだけをダンボールに詰め、違う空間に移動するという、**引っ越すという作業自体が面倒くさくて、嫌なんですよ。そういう人たちが公務員を中心にものすごく多い。**これが僕がいちばんやっかいだと思う抵抗勢力です。

竹中　たいへん重要なことをおっしゃっていると思いますよ。どうしてそうなるのか、ただひたすら引っ越すのは嫌だという発想になるのか。たぶん理由が二つあるんだと思います。一つは、先ほどから議論しているリテラシーの問題。**基本的なことをちゃんと理解していないというリテラシーの欠如**ですよ。物事を理詰めで考えていった結果、やっぱり結論は郵政民営化しかないね、となれば、そこから先のイマジネーションもわいてくるはずです。ところがその基本のところを理解するリテラシーがない。だから**引っ越しは嫌だという自分の感覚を、理詰めで乗り越えることができない。**
　慶應大学の湘南藤沢キャンパスで、新しいさまざまなメディアについて教えるときに、「コンペティティブネスとコンピタンスは違う」というんです。

中田　どういうことですか？

竹中　建築コンペなんていう和製英語のコンペは、競争や競技会を意味するコンペティションの略ですね。コンペティティブネス（competitiveness）といえば、**競争力があることや競争心が旺盛なこと**を指します。たとえば、いまコンピュータに入っているプログラムを非常にうまく使ってビジネスに成功する人は、競争力があるわけだから、コンペティティブネスな人です。

対してコンピタンス（competence）というのは、競争するときにもっとも役立つ能力や力量を指します。たとえば、コンペティティブネスな人が使ったコンピュータやプログラムやそのほかさまざまなシステムは、3年後にすっかり時代遅れになってしまい、次世代システムに総取っ替えになるかもしれない。それでも、**システムの基本がわかっていれば、いかようにも対応できる**でしょう。その能力がある人がコンピタンスのある人なんです。**日本人はそこそこコンペティティブネスはあるんだけど、どうもコンピタンスは十分にない**という印象を、私は持っています。

中田　リテラシーがあって引っ越しオーケーという人は、コンピタンスのほうですね。日本の家電メーカーはコンペティティブネス。だから、ガラパゴス諸島から引っ越しできずに「ガラパゴス化」して、みんなノキアやサムスンにやられてしまった。コンピタンスがないからですね。

竹中 おっしゃるとおり。引っ越しが嫌なもう一つの理由は、**「ミドルエイジ・シンドローム」(中年症候群)**ではないか。これは、ソニーのCEOだった出井伸之さんが90年代半ばのダボス会議で使った言葉で、背景にあったのがバブル崩壊までの日本の成功体験です。日本はすばらしく成功したんだけど、一気に下り坂に入ったとき、**成功体験が邪魔をして中年層は新しいチャレンジができない**。新しいことをやるのが嫌だから、やらない。新しいことをやらないから、不安が募ってくる。不安が募るから、ますます新しいことをやらなくなる……。これがミドルエイジ・シンドロームです。

中田 悪循環、まさに負のスパイラル。90年代以降、日本人も日本の国もその渦に入ってしまったまま抜け出せずにいる。でも今回は抜け出す大チャンスですよ。

告発!大問題30 地域政党はどこまで起爆剤になれるのか!

竹中　さて、いよいよ紙幅が残り少なくなってきました。Ｐａｒｔ２の冒頭で橋下府政に触れましたが、最近出てきたいわゆる**地域政党をどう考えるか、地域政党は日本を変えていく起爆剤になるのか**という問題を話し合って、対談を終わりましょう。

中田　地域政党の考え方は、僕は肯定できるし、肯定すべきだと思います。そもそも、それぞれの地域や地方議会が国政の単なるミニチュア版である必要はないと思うんです。たとえば駅前に自転車置き場を整備するかしないかという地域の課題は、これは国政レベルの対立や国家観の違いとは、全然関係ない。だから国政レベルの既存政党とは別に、地域政党という形があるべきです。それも**巨大な政党ではなく、むしろ地方の実情に応じた小さな地域政党がいくつもあるのがいい、**と僕は考えています。

横浜市長だったとき、僕は大阪市と名古屋市に「われわれのような巨大な市は自己完結しなければダメだ。そのためには、都道府県の権限を全部一手に引き受けて特別市になったほうがいい」と呼びかけて研究会を設置し、特別市になるべきだという結論を取りまとめたんです。大阪市長は当初は關《せき》淳一さんで、結論を出す頃はいまの平松邦夫さんだった。ただ、「特別市」といっても、やっぱり新しい想像力が必要です。何が特別かと説明するんだけど、なかなかわかりづらい。たとえば「特別市の議会はどういう姿か？」といった疑問にも、一つひとつ答えていかなければいけない。

竹中 その後、大阪の橋下徹さんが「大阪都構想」をブチ上げたわけですね。

中田 そうです。橋下さんが「都構想」を言いはじめたとき、僕だって一瞬「えっ、なんで都なの?」と思いましたよ。でもすぐに「ああ、なるほど現実的だ」と納得した。というのは、すでに首都・東京都という広域自治体があり、そのなかに基礎自治体の23区や市がある。大阪もそんな構造にするならば、いまある法律を準用して東京のようにやればいいから、これはスムーズに実現できる。特別市となると新たな立法が必要で、すべての議論を最初からやらなければなりませんから。

大阪都にして、市と府の二重行政を改め、スピーディで機能的な行政を実現して大阪のポテンシャルを高める。それでアジアの国際的な大都市と競っていくというのは、とても合理的な考え方です。ただし問題は、大阪府知事の提案に大阪府議会や大阪市が了承しない。だから、議論を尽くしても進まないのであれば選挙で問いましょう。これが2011年4月の大阪府議会議員選挙であり、来る11年11月27日の大阪市長選挙ですよ、と。選挙で最終決着をつけるのも、まことに理に適《かな》ったやり方だと思います。

政治家は人に嫌われることを気にしてはいけない

竹中　いずれにせよ結局は選挙次第です。中田さんも、やっぱり選挙で選ばれて、地方に活躍の場を見出していこうと思っていらっしゃるんですか？

中田　僕は、政治的なポジションは手段としか考えていないので、日本をよくするために私で役立つなら何でもやろうと思っています。国でも地方でも、もっと言うならば政治家でなくても構わないです。就職活動として政治家になろうとはさらさら思っていませんので。ある意味で、求められていないのに自分からしゃしゃり出ても改革はできません。竹中先生もそうではないですか。小泉さんに求められて大臣にもなったし、参議院選挙にも出たけど、政治家でいることが目的ではないから、任務が終わったら議員も辞めた。私も同じなんです。財政再建を約束して市長になって、その道筋をつけた。それをまた元に戻されないように衆院選に合わせて退きました。任期を全うすることではなく、任務を全うしたからです。でも、なかなかうまく伝わらなかったから、私への批判はいっぱいあります。その上で、必要とされるなら何でもやろうというのが本音です。

竹中　期待していますよ。ガツンとやってください。

中田　生意気なことを言いますが、僕が竹中さんを高く評価するのは、さまざまな経済理論を熟知し、その理論的な背景に基づいて、いまの日本はこうしなければならないという論理を組み立てることができる方だからです。そういう人が大勢いたほうがいいに決まっているけど、なかなかいない。そういう人の知恵を借りることは容易ではないですね。

もちろん僕だって、すべての問題をわかっているわけではありません。だから問題は、**いかにして自分以外の優れた人たちを活用し、本質的な部分をきちんと理解しつつ、その場その場の判断を下していくか。この判断を下すのが政治家ですね。**ところが、いまの政治を見ていると、判断を下せない人たちがあまりにも多すぎる。これは、ある意味で、中途半端に頭がよすぎる政治家が多いからだろうと思います。いろいろと気が回るから、こんな批判が出ることもわかるし、あんな反発も出るだろうと考えすぎてしまって、結局判断できない。みんな批判されたくないし嫌われたくないから判断が鈍る。そんな政治家たちが多すぎます。

竹中　まったく同感です。**政治家はすべてを理解する必要なんて、まったくない。そもそも不可能です。細かい部分は全部、専門家にまかせればいい。ただし、本質的**

な部分の理解だけは、腹をすえて持っていなければならない。

小泉純一郎さんは、まさにそんな政治家でした。「民間にできることは国でなく民間にやらせる。それがもっとも効率よく、民間にも国にもよいのだ」という確たる理解、信念が腹の底にあった。だからブレない。細かいことは知らなくても、瞬時に大局的な判断を下すことができる。民主党の政治家は、学歴や留学歴や中央官庁での職歴などを見ると、確かに一見インテリで、ちょっと頭がいい（笑）。でも、知識はそこそこ持っているんだけど、たとえば学歴がなかった田中角栄が持っていたような人生を生きる知恵、人を動かす知恵が、まだ欠如しています。

中田　僕は、**政治をやる以上は、人に好かれようが嫌われようが気にしていたらできない**と思うんです。自分が政治の世界に足を踏み入れるのであれば、将来的な社会の継続と発展のためにいま何が必要か、という長期的なスパンで判断するだけだと思っています。そういう判断は、僕にはできますが、その結果は激しい反発や抵抗、妨害に合う。竹中さんも週刊誌にいろいろ嘘をかかれたし、私の場合も酷かった。それでも、判断し続けるしかない。

竹中　中田さん、国政に打って出るという判断もありますか？

中田　国政はもちろんのこと、政治職に手を上げるのは、**天の声、時の声、人の声で決まる**と思うんです。「偉そうに！　何様だ」と言われそうですが、そもそも政治家ってそういうものではないかって思うんです。自分がやりたいだけでは駄目、人が求めても本人にその意思がなければダメ、そもそも訴える主張に大義があるかというようなことが一致して誕生するのが政治家だと思う。

新しい時代のリーダーは地方から現れる……

竹中　いま国民は地域新党に大きな期待をかけています。これには相応の理由があると思います。それは、**行政を官庁に丸投げすればなんとかなった右肩上がりの時代ではなくなり、問題を解決しなければならない時代に入ったからです。**人びとは結局、**会社で言えば新しいCEO（最高経営責任者）を求めているんです。**

そして地方の首長さんというのは、実は最高CEOなんです。とくに大阪や横浜のように大きな都道府県や政令指定都市のトップは、行政担当者としては最高のポストだと思います。実は従来の大臣は政治の力はあっても行政の力はそれほどありません。そして、政権があんな体たらくだから、まったく期待できない。国ほど規模は大きくないにしろ、**大きな自治体のCEOとして成功した人ならば、国政をまかせてもうまくやってくれるはずだ。**そんな期待が国民の中に大きく広がっているわけです。アメリカはまさにそうなっていますから。

中田　大統領候補や副大統領候補はみんな州知事出身ですね。世界を見渡してみれば日本以外はかなりそうなってます。フランスは地方の首長と国会議員を兼任できるるし、共産主義の中国ですらそうです。北京市長や上海市長は非常に大きな権力を持っている。最近、重病説や死亡説が流れた江沢民は、1985年に上海市長になり、87年に中央政治局委員兼上海市党委員会書記となった。89年に第二次天安門事件が勃発すると、直後に失脚した趙紫陽に代わって党総書記・中央政治局常務委員に抜擢され、90年に国家中央軍事委員会主席、93年に国家主席へと上り詰めた。江沢民を引っ張り上げたのは鄧小平ですが、上海市長から8年で中国国家主席ですからダイナミックですよ。

竹中　いま、日本でもアメリカや中国と同じ方向性が、大阪の橋下徹さん、愛知の大村秀章さん、名古屋の河村たかしさんたちの成功事例によって具体的に見えはじめている。国会を見れば、あそこで右往左往している政治家には政党を問わず期待できそうにないと、誰でも思いますよ。**複合連鎖危機を乗り越える新しい時代のリーダーは、地方から出てくる**はずだ、と私は感じています。国民の多くもそれに期待している。

中田　そうだといいんですけど。僕もその手応えは感じつつあります。でも、大阪など一部では熱く盛り上がっていても、まだ全体には広がっていません。

竹中　たしかに東京に住んでいる人は「大阪都構想」をほとんど知らないし、それほど興味もないでしょう。たぶん多くの人は、橋下さんの構想や政策を見たうえで評価しているのではなくて、あの人は自治体のCEOとしての責任をちゃんと果たしているなというところで評価をし、期待もしているんですよ。選挙で決着というのは、企業でいえば株主を最重要視しているわけだし、プレス対策もうまくて説明力・説得力がある。

中田　なるほど、そうですね。

竹中　中田さんも有力なCEO候補のお一人です。ぜひ頑張ってください。

中田　**日本を変えていくのに必要なのは、浪漫と我慢**だと思います。この本でも述べてきたように、**リーダーのビジョンこそが必要**です。浪漫があるから、我慢ができる。リーダーと国民が一緒になって突き抜けられれば、いい社会にできるはず。日本はよい国なんですから。

あとがき

「なぜ日本の首相は毎年変わるのか、外国人にもわかるように説明してほしい」

9月6日、ワシントンにあるCSIS（戦略国際問題研究所）でのセミナーで発せられた質問です。この質問に、私はジョークで答えました。

「これは世界的に見て優れた政治制度なんです。首相や大統領が無能だとわかった場合、どんどん国が悪くなっても任期があるからと我慢しないで、早くリーダーを変えてリカバリーできるんです！」

オバマ大統領の支持率が低迷するアメリカだから笑ってもらえたジョークですが、内心はもちろん穏やかではありませんでした。

私は、野田佳彦内閣発足2日後にワシントンに飛びました。着いたばかりの9月4日、現地で目にした「ニューヨーク・タイムズ」紙の社説のタイトルは「Japan's Latest Prime Minister」。直訳すれば「日本の直近の首相」ですが、〝しょっちゅう変わる国のとりあえず今の首相〟というニュアンスのシニカルな表現です。

社説では、民主党政権や野田首相に対する失望を、これでもかと述べた後、最後にこう結んでいます。

「ワシントンは、回転ドアのように変わる日本の首相への対応を心配している。今月、野田首相が国連総会に出席するときには、オバマ大統領は彼をホワイトハウスに招待するべきだ。二人は、対中国問題や北朝鮮の核開発問題、世界経済の二番底の回避などについて話し合う必要がある。これらは、国連総会のついでに扱う儀礼的な問題ではない」

政治の迷走ぶりに愛想を尽かしつつも、それでも世界や東アジアの抱える懸案に対応するために、日本と話し合う必要性を主張しています。**「しっかりしてくれ日本！」と言われている気がします。**

竹中平蔵さんは、いつも日本の処方箋をわかりやすく整理し、日本国内だけでなく世界に向けて発信されています。その**竹中さんとの議論は、日本にはやるべきこと、できることがいっぱいあるという建設的なものになりました。**

今、日本には「大問題」が山積しています。このすべての大問題に対して、野田首相が自分だけで答えを出すことは難しいでしょう。でも、それでいいのです。首相一人で考えるのではなく、衆知を集めて答えを出す。その中には、すでに答えが出ているものが多くあることに気づくはずなのです。本書でも触れた原発の賠償問題、地方分権、TPP……、いずれも進むべき道筋は出ています。

突き詰めるところ、**日本の政治に求められているのは、決断することではないでしょうか。それは日本社会、日本人自身にも問われていることかもしれません。**ちょっと反対意見があるとすぐに先送りしてしまう日本の政治。それは論理的思考の欠如のためです。竹中さんのように、全体を見渡し、数多くの情報を入手し、その上で体系立てて判断できていないのです。もうひとつは、日本を力強い国にしていくため、10年後、20年後に実現すべきビジョンを持つことです。つねに異論、反論、批判はありますが、**議論の中で説明を尽くし、時機を逸することなく決断するのがリーダーなのです。**

今回の対談は、世界でも指折りのグレート・コミュニケーターである竹中さんの議論を前にして、まるで大学でのゼミに参加しているような気分になりました。このような刺激的な時間を得ることができたことに感謝いたします。また、アスコムの高橋克佳社長、小林英史編集長には素晴らしい機会をつくってくれたこと、ジャーナリストの坂本衛氏にも多大なご協力をいただいたことに、心から御礼申し上げます。

中田 宏

2時間でいまがわかる!
告発 ニッポンの大問題30!

発行日 2011年10月11日 第1版第1刷
発行日 2011年10月14日 第1版第2刷

著者 竹中平蔵
中田 宏
構成 坂本 衛
デザイン 阿形竜平+菊池崇
撮影 塔下智士
編集協力 正木誠一
編集 高橋克佳/小林英史
発行人 高橋克佳
発行所 株式会社アスコム
〒105-0002 東京都港区愛宕1-1-11 虎ノ門八東ビル7F
編集部 TEL:03-5425-6627
営業部 TEL:03-5425-6626 FAX:03-5425-6770
印刷 中央精版印刷株式会社

Printed in Japan ISBN978-4-7762-0692-7